ALTES TESTAMENT – 5. TEIL

VOM SINAI IN DAS LAND DER VERHEISSUNG
NUM 1,1 – RI 16,31

DAMASUS BULLMANN

ERLEBTE BIBEL

MEIN HERZ IST VOLL FREUDE ÜBER DEN HERRN,
GROSSE KRAFT GIBT MIR DER HERR.
WEIT ÖFFNET SICH MEIN MUND GEGEN MEINE FEINDE;
DENN ICH FREUE MICH ÜBER DEINE HILFE.
NIEMAND IST HEILIG, NUR DER HERR;
DENN AUSSER DIR GIBT ES KEINEN GOTT;
KEINER IST EIN FELS WIE UNSER GOTT.
REDET NICHT IMMER SO VERMESSEN,
KEIN FRECHES WORT KOMME AUS EUREM MUND;
DENN DER HERR IST EIN WISSENDER GOTT,
UND BEI IHM WERDEN DIE TATEN GEPRÜFT.
DER BOGEN DER HELDEN WIRD ZERBROCHEN,
DIE WANKENDEN ABER GÜRTEN SICH MIT KRAFT.

AUS DEM DANKLIED DER HANNA: 1 SAM 2,1–4

ÖSTERREICHISCHER KULTURVERLAG

Die Bibeltexte des Alten Testaments wurden dem Buch „Die gute Nachricht – Die Bibel in heutigem Deutsch" entnommen.
Die Abdruckerlaubnis wurde dankenswerterweise von der Deutschen Bibelgesellschaft, Stuttgart, erteilt.

Mit Druckerlaubnis des kirchlichen Oberen.

Herausgeber:
Franziskaner-Missions-Verein in Bayern e. V.
Sankt-Anna-Straße 19, 8000 München 22.

Österreichischer Kulturverlag, Thaur, Tirol
Druck: Thaurdruck, Giesriegl Ges.m.b.H.
A-6065 Thaur, Tirol.

ISBN 3-85395-114-9

Aus dem Lied des Mose

Dann trug Mose vor der versammelten Gemeinde der Israeliten das folgende Lied vor:

Den Himmel rufe ich als Zeugen an,
die Erde höre meine Worte!
Sie mögen strömen wie ein Regenschauer,
der ausgedörrtes Land befeuchtet,
und niederträufeln wie der Tau,
der ringsum alles junge Grün erquickt!
Preist unsern großen und erhabenen Gott!
Ich rufe ihn bei seinem Namen,
ihn, unsern Fels und starken Schutz!
In allem, was er plant und ausführt,
ist er vollkommen und gerecht.
An keinem handelt er mit Trug und Tücke,
er steht zu seinem Wort, denn er ist treu!
Doch dieses Volk ist treulos und verkehrt
– zu ihrer Schande muß man es bekennen –,
ganz aus der Art sind sie geschlagen;
sie können nicht mehr seine Kinder sein.
Ist das der Dank für alle seine Güte,
ihr unverbesserlichen Narren?
Ist er es nicht, der euch geschaffen hat
und wie ein Vater für euch sorgt?
Erinnert euch an ferne Zeiten,
fragt eure Väter, wie es früher war,
und eure Alten fragt, woher ihr kommt!

Ein Adler scheucht die Jungen aus dem Nest,
damit sie selber fliegen lernen.
Doch wachsam schwebt er über ihnen,
und wenn eins müde wird und fällt,
dann breitet er die Flügel unter ihm
und fängt es auf und trägt es fort.
Genauso hat der Herr sein Volk beschützt;
er ganz allein hat Israel geführt,
kein fremder Gott stand ihm zur Seite!

Dann ließ er sie ein Land erobern.
Sie konnten auf den Feldern Korn anbauen,
aus Felsenspalten Honig sammeln,
auf steinbesätem Grund Oliven ernten.

Deut 32,1–7; 11–13

Nach der Eroberung „des ganzen Landes“ teilt Josua es unter die Stämme auf.

VOM SINAI ZUM JORDAN – DIE LANDNAHME

Der Versuch Israels, von Süden her in das Land Kanaan einzudringen,
ist gescheitert (Num 13 f).
Deshalb macht Mose mit dem Volk Israel einen Umweg, um das Volk
in das Ostjordanland zu führen. Nachdem zwei Könige besiegt
sind, wird deren Land unter die Stämme Ruben und Gad aufgeteilt.
Mose darf das verheißene Land nicht betreten und stirbt auf dem Berg Nebo.
Zu seinem Nachfolger bestimmt Jahwe Josua, er führt das Volk über den Jordan,
erobert Jericho und Ai und das Bergland von Mittelpalästina (Jos 1–9).
Nach Eroberung „des ganzen Landes" teilt Josua es unter die Stämme auf.
Die Stammesgebiete werden in Jos 13–19 umschrieben.
Josua versammelt das ganze Volk Israel nochmals um sich
und schließt in Sichem einen Bund (Jos 23 f).
In Jos 21,43 ff wird zusammenfassend festgestellt:
So gab Jahwe Israel das ganze Land, das er ihren Vätern mit einem Eid zugesichert hatte.
Sie nahmen es in Besitz und wohnten darin. Und der Herr verschaffte ihnen Ruhe ringsum,
genau so, wie er es ihren Vätern mit einem Eid zugesichert hatte. Keiner von all ihren
Feinden konnte ihnen Widerstand leisten. Alle ihre Feinde gab der Herr in ihre Gewalt.
Keine von all den Zusagen, die der Herr dem Hause Israel gegeben hatte, waren
ausgeblieben; jede war in Erfüllung gegangen.
Jos 21, 43–45

Die Volkszählung am Sinai

Am ersten Tag des zweiten Monats im zweiten Jahr nach dem Auszug aus Ägypten sprach der Herr in der Wüste Sinai im Offenbarungszelt zu Mose: „Ermittelt die Gesamtzahl der Israeliten in der Gemeinde, geordnet nach Sippenverbänden und Großfamilien; zählt mit Namen alle Männer, die zwanzig Jahre und älter sind, alle wehrfähigen Israeliten. Mustert sie für ihre Heeresverbände, du und Aaron! Aus jedem Stamm soll euch dabei ein Mann helfen, und zwar jeweils das Haupt einer Großfamilie."

Mose und Aaron nahmen diese namentlich genannten Männer und versammelten die ganze Gemeinde am ersten Tag des zweiten Monats. Dann ermittelte man die Abstammung aller Männer von zwanzig Jahren und darüber; man zählte sie namentlich, geordnet nach Sippen und Großfamilien. Wie der Herr es Mose befohlen hatte, so musterte man sie in der Wüste Sinai.

Num 1,1–4; 17–19

Die Volkszählung am Sinai.
Mosaik in S. Maria Maggiore, Rom

Das Buch Numeri umfaßt das vierte Buch Mose. Es ist die Zeit in der Geschichte Israels, in der es in der Wüste umherzog, das waren immerhin 38 Jahre!

Das Buch beginnt zwei Jahre nach der Flucht aus Ägypten und endet am Vorabend der Landnahme in Kanaan.

Der Name, den das Buch in der Septuaginta erhielt, geht auf die Zählung der Israeliten in Kap. 1 und 26 zurück. Vielleicht wäre es nähergelegen, dieses Buch mit dem Namen „Murren des Volkes" oder „Unzufriedenheit der Israeliten" zu benennen, denn immer wieder klingen Murren und Unzufriedenheit und Klagen durch die beschriebenen 38 Jahre der Wüstengeschichte des Volkes Israel auf. Deshalb überleben auch nur drei aus der Generation der Befreiten aus Ägypten, nämlich Mose, Josua und Kaleb. Und nur die letzten zwei dürfen das Land der Verheißung betreten.

* * *

Der Zweck der von Jahwe angeordneten Volkszählung ist die Erfassung aller Männer über zwanzig Jahre, die militärdienstpflichtig sind. Davon ausgenommen sind nur die Leviten, die für andere Aufgaben herangezogen werden. Für die Zählung verantwortlich sind Mose und Aaron, die jeweils von einem Stammesvertreter unterstützt werden. Bei der zweiten Volkszählung, die in Num Kap. 26 beschrieben wird, nimmt der Sohn Aarons die Stelle seines verstorbenen Vaters ein. Die spätere Gesamtzahl von 601.730 Mann ist niedriger als die erste von 603.550 der zum Militärdienst tauglichen.

Vom Sinai zum Jordan

Der Aufbruch der Israeliten vom Berg Sinai

Der Aufbruch am Sinai.
Mosaik in S. Maria Maggiore, Rom

Am 20. Tag des 2. Monats – es war das zweite Jahr nach dem Auszug der Israeliten aus Ägypten – erhob sich die Wolke vom heiligen Zelt, dem Aufbewahrungsort des Bundesgesetzes. Da brachen die Israeliten aus der Wüste Sinai auf. Die Wolke führte sie bis zur Wüste Paran; dort ließ sie sich nieder.
Die Israeliten machten sich auf den Weg und zogen vom Berg des Herrn aus drei Tagereisen weit. Die Bundeslade ging an der Spitze, um jedesmal den Lagerplatz zu bestimmen. Unterwegs war bei Tag die Wolke des Herrn über ihnen. Immer wenn die Bundeslade aufgehoben wurde, sagte Mose: „Steh auf, Herr, damit deine Feinde vor dir fliehen und in alle Winde zerstieben!" Wenn sie abgesetzt wurde, sagte er: „Kehre zurück, Herr, zu den zahllosen Scharen Israels!"
Num 10,11–12; 33–36

Wenn das Volk unterwegs war, bildeten die drei östlichen Stämme unter der Leitung Judas die Spitze. Die Gersoniter und Mrariter trugen die Stiftshütte, es folgte der Stamm Ruben, Simeon und Gad, gefolgt von den Kehathitern mit dem Heiligtum. Die Stämme des Nordens Dan, Aser und Nephtali, bildeten die Nachhut. Die Stammesfürsten sind die gleichen, die bei der Volkszählung halfen. Die Feldzeichen, von denen die Rede ist, waren für den Stamm Juda ein Löwe, für den Stamm Ruben ein Menschenhaupt, für den Stamm Ephraim ein Stier und für den Stamm Dan ein Adler.
Die Führung Jahwes durch die Wüste ist für jeden klar und sichtbar: Die Gegenwart Jahwes wird am Tag durch die Wolke und bei Nacht durch den Feuerschein über der Stiftshütte angezeigt. Wenn die Wolke sich hob, zogen die Israeliten weiter, wenn sie sich niedersenkte, schlugen sie das Lager auf.

Das Volk bekommt Fleisch

Nach Norden durchziehende Vögel auf der Sinaihalbinsel.

Mose und die siebzig Ältesten gingen ins Lager zurück. Inzwischen hatte der Herr einen Sturm aufkommen lassen, der riesige Scharen von Wachteln vom Meer herantrieb. Er warf sie im Umkreis von einem Tagesmarsch rings um das Lager zur Erde. Die Tiere lagen fast einen Meter hoch. Den ganzen Rest des Tages, die folgende Nacht und noch den nächsten Tag war das Volk damit beschäftigt, Wachteln einzusammeln. Das wenigste, was einer zusammenbrachte, waren dreißig Zentner. Sie breiteten die Tiere zum Dörren rings um das Lager aus.
Aber sie hatten kaum damit begonnen, von dem Fleisch zu essen, da traf sie der Zorn des Herrn, und viele starben. Man nannte den Ort Kibrot-Taawa (Lustgräber), weil dort die Leute begraben wurden, die es nach Fleisch gelüstet hatte.
Von Kibrot-Taawa zog das Volk weiter nach Hazerot und schlug dort sein Lager auf. Num 11,30–35

Zweimal im Jahr überqueren Wachteln auf ihrem Weg nach Süden oder Norden das Gebiet, das die Israeliten bei ihrem Weg in das Gelobte Land durchziehen. Jahwe benützt diesen natürlichen Vorgang, um sein Volk mit Fleisch zu versorgen. Wir erinnern uns, daß der Herr bereits einmal das Volk mit Wachteln versorgte, als es etwa sechs Wochen nach dem Auszug aus Ägypten die Wüste Zin erreicht hatte. Nun, ein Jahr später, als die Vögel wieder nach Norden ziehen, ereignet sich dasselbe.
Aus beiden Berichten können wir entnehmen, daß es sich um große Scharen von Wachteln gehandelt haben muß, wenn schon das wenigste, was einer zusammenbrachte, dreißig Zentner waren. Jahwe aber bestraft die Gier des Volkes nach Fleisch, das es zum Dörren ausbreitete, um einen Vorrat zu haben. Viele der Israeliten mußten ihre Gier mit dem Tode sühnen, da sie der Zorn des Herrn traf. Man nannte den Ort Kibrot-Taawa (Lustgräber).

Erkundung des Landes Kanaan

Der Herr sagte zu Mose: „Sende Leute aus, damit sie das Land Kanaan erkunden, das ich den Israeliten geben will. Nimm dazu aus jedem der zwölf Stämme einen der führenden Männer!" Mose folgte dem Befehl des Herrn. Er wählte zwölf Männer aus, lauter Sippenälteste, und schickte sie von der Wüste Paran ins Land Kanaan.
Diese zwölf Männer schickte Mose aus, um das Land zu erkunden. Hoschea, dem Sohn Nuns, gab er den Namen Josua. Er sagte zu ihnen: „Geht zunächst durch das Steppengebiet und durchstreift dann das Bergland, das sich nordwärts anschließt. Seht euch Land und Leute genau an! Erkundet, wieviel Menschen dort wohnen und wie stark sie sind. Achtet darauf, ob ihre Städte befestigt sind oder nicht. Seht, ob ihr Land fruchtbar ist und ob es dort Wälder gibt. Habt keine Angst und bringt Proben von den Früchten des Landes mit." Es war gerade die Jahreszeit, in der die ersten Trauben reif werden.
Die zwölf Männer machten sich auf den Weg und erkundeten das Land von der Wüste Zin bis nach Rehob bei Lebo-Hamat. Zunächst zogen sie durch das Südland und kamen dann nach Hebron. Dort wohnten Ahiman, Scheschai und Talmai, die Nachkommen Anaks. (Die Stadt Hebron war sieben Jahre früher gegründet worden als Zoan in Ägypten.) Als sie in das Traubental kamen, schnitten sie eine Weinranke mit einer Traube ab; die war so schwer, daß zwei von ihnen sie auf einer Stange tragen mußten. Auch Granatäpfel und Feigen nahmen sie mit. Das Tal bekam seinen Namen später wegen der Traube, die die Israeliten dort abgeschnitten hatten. Num 13,1–3; 16–24

Auf Anweisung Jahwes sendet Mose, der nun bei Kadesch-Barnea mit dem Zug der Israeliten an die Grenze Kanaans gekommen ist, zwölf Kundschafter aus, lauter Sippenälteste, darunter auch Hoschea, der Sohn Nuns, der von jetzt an Josua heißt und später der Nachfolger Moses werden soll.
Die Grenzen des Landes Kanaan, das die israelitischen Stämme begehrten, werden in Numeri 34,1–12 genau angegeben. Dort heißt es:
Der Herr sprach zu Mose: „Befiehl den Israeliten und sag es ihnen, wenn ihr nach Kanaan kommt: ‚Das ist das Land, das euch als erblicher Besitz zufällt, Kanaan in seinen jetzigen Grenzen.' (Siehe Karte rechts.)
Eure Südgrenze soll von der Wüste Zin aus an Edom entlang verlaufen, und zwar soll sie vom Ende des Salzmeeres im Osten ausgehen. Dann soll die Grenze südlich des Skorpionenpasses sich bis Zin erstrecken. Ihre Ausläufer sollen bis südlich von Kadesch-Barnea reichen. Von dort soll sie sich bis Hazar-Addar und bis Azmon hinziehen. Von Azmon soll die Grenze zum Grenzbach Ägyptens abbiegen, und die Ausläufer der Grenze sollen bis zum Meer reichen. Eure Grenze im Westen soll das Große Meer mit seinem Strand sein. Das sei eure Westgrenze. Das sei eure Nordgrenze: Vom Großen Meer sollt ihr eine Linie bis zum Berg Hor abstecken, und vom Berg Hor eine Linie bis Lebo Hamat. Die Ausläufer dieser Grenze sollen bis Zedad reichen. Dann soll die Grenze weitergehen bis Sifron, und ihre Ausläufer sollen bis Hazar-Enan reichen. Das sei eure Nordgrenze. Als Ostgrenze sollt ihr eine Linie von Hazar-Enan bis Schefam abstecken. Von Schefam soll die Grenze nach Ribla östlich von Ajin hinuntersteigen. Dann soll die Grenze am Rand des Gebirges östlich des Sees von Kinneret (Gennesaret) hinuntergehen. Dann soll die Grenze zum Jordan hinunterführen, und ihre Ausläufer sollen bis zum Salzmeer reichen. Das seien die Grenzen rings um euer Land."
Diese Grenze deckt sich nicht mit den wirklichen Grenzen des israelitischen Siedlungsgebietes, wahrscheinlich handelt es sich hier um die ägyptische Provinz Kanaan, wie sie im ägyptisch-hetitischen Vertrag nach der Schlacht von Kadesch festgelegt worden war. Das war also das Land, das die Israeliten bei ihrer Ankunft vorfanden und in das Mose jetzt seine Kundschafter schickte.

Berg Hor
Zedad
Zifron
Lebo-Hamat
Gebal (Byblos)
Apheka
N
A
Sidon
Damaskus
Großes Meer
Zor (sor [Tyros])
Lajisch
A
Akko
Ajin
N
Megiddo
Sichem
Jafo (Joppe)
A
Jordan
Jerusalem
Gaza
K
Hebron
Grenze Kanaans
Weg der Kundschafter
Arad
„Bach Ägyptens"
Zoar
Sela
Tamar
Wüste Zin
EDOM
0 10 20 30 km
Karka (Qarqa)
Azmon
Kadesch-Barnea (ʿēn-qūdeš)
Hasar Addar

Die Kundschafter berichten

Die Kundschafter kehren mit einer großen Weintraube zurück. Verduner Altar Klosterneuburg

Nach vierzig Tagen hatten die zwölf Männer ihre Erkundung abgeschlossen und kehrten zu Mose, Aaron und der ganzen Gemeinde der Israeliten nach Kadesch in der Wüste Paran zurück. Sie erzählten, was sie gesehen hatten, und zeigten die mitgebrachten Früchte vor. Sie berichteten Mose: „Wir haben das Land durchzogen, in das du uns geschickt hast, und wir haben alles genau angesehen. Es ist wirklich ein Land, in dem Milch und Honig fließen. Sieh hier seine Früchte. Aber die Leute, die dort wohnen, sind stark, und ihre Städte sind groß und gut befestigt. Und dann haben wir auch noch die Anakssöhne gesehen! Im Südland wohnen die Amalekiter, im Bergland die Hetiter, Jebusiter und Amoriter und in der Jordanebene die Kanaaniter!"
Als die Israeliten Mose mit Vorwürfen überschütten wollten, beruhigte sie Kaleb und rief: „Wir können das Land sehr wohl erobern! Wir sind stark genug!" Doch die anderen Kundschafter sagten: „Wir können es nicht! Die Leute im Land sind viel stärker als wir!" Sie erzählten den Israeliten schreckliche Dinge über das Land, das sie erkundet hatten. „In diesem Land kann man nicht leben, es verschlingt seine Bewohner", sagten sie. „Alle Männer, die wir gesehen haben, sind riesengroß, besonders die Nachkommen Anaks! Wir kamen uns ihnen gegenüber wie Heuschrecken vor, und genauso winzig müssen wir ihnen vorgekommen sein." Num 13,25–33

Nach vierzig Tagen kehrten die zwölf Kundschafter, die Mose ausgeschickt hatte, das Land Kanaan zu sondieren, zu Mose zurück. Das Ergebnis ist auf den ersten Blick positiv. Das Land biete wirklich alles, was man sich unter Milch und Honig vorstelle. Sie haben auch Proben der Früchte mitgebracht. Besonders Kaleb und Josua sehen alles unter positiven Vorzeichen, während die anderen zehn das Volk durch die Darstellung der gut befestigten Städte und die starken Leute, die dort wohnen, beunruhigen. Sie bezweifeln, daß Israel das Land einnehmen könnte, da vor allem dort Riesen wohnen. Das Volk ist schnell gegen Mose aufgebracht, aber gerade Kaleb versucht zu beschwichtigen. Es entsteht ein Streit zwischen den Zehn und Josua, Kaleb und Mose. Die Zehn erzählen den Israeliten die schrecklichsten Dinge, die sie gesehen hätten, und vor allem wird immer wieder in den Vordergrund gestellt, daß die Menschen dort riesengroß und stärker seien. So scheinen die Aussichten diesen Kundschaftern nach nicht gerade rosig. Daß Jahwe sein Volk leitet und führt und stärker als alle Riesen ist, wird zunächst total vergessen.

Die Israeliten wollen Mose steinigen

Jahwe schützt Mose vor den Steinwürfen der Israeliten. Mosaik in S. Maria Maggiore, Rom

Die ganze Gemeinde der Israeliten schrie laut auf vor Entsetzen, und das Volk weinte die ganze Nacht. Alle miteinander lehnten sich gegen Mose und Aaron auf und riefen: „Wären wir doch lieber in Ägypten gestorben oder unterwegs in der Wüste! Warum will der Herr uns in dieses Land bringen? Wir werden im Kampf umkommen, und unsere Frauen und kleinen Kinder werden den Feinden in die Hände fallen. Es wäre besser, wir kehrten wieder nach Ägypten zurück!"
Schon gaben einige die Parole aus: „Wir wählen einen neuen Anführer und gehen wieder nach Ägypten!"
Da warfen sich Mose und Aaron vor den versammelten Israeliten auf die Erde. Josua und Kaleb aber, die zusammen mit den anderen das Land erkundet hatten, zerrissen ihre Kleider und sagten zu dem Volk: „Das Land, das wir erkundet haben, ist ein sehr gutes Land, in dem Milch und Honig fließen! Wenn der Herr uns freundlich ist, wird er uns in dieses Land hineinbringen und es uns geben. Lehnt euch nicht gegen ihn auf! Ihr braucht die Bewohner des Landes nicht zu fürchten. Wir werden im Handumdrehen mit ihnen fertig. Sie sind von ihren Göttern verlassen, aber uns steht der Herr zur Seite. Habt also keine Angst vor ihnen!"
Aber die Menge wollte sie steinigen. Da erschien die Herrlichkeit des Herrn vor den Augen aller Israeliten über dem heiligen Zelt. Num 14,1–10

In diesem Abschnitt wird sehr ausführlich die negative Reaktion der Israeliten auf den Bericht der Kundschafter geschildert. Das Volk hört einfach nicht auf Kalebs Rede, sondern auf die Miesmacherei der übrigen Kundschafter. Das Volk ist aufgebracht, weint und schreit die ganze Nacht hindurch und will sich nicht beruhigen. Man will sich einen neuen Führer für Mose suchen und nach Ägypten zurückkehren. Das ist offener Aufstand gegen Mose und Aaron und vor allem gegen Jahwe selbst. Mose und Aaron werfen sich in ihrer Not zu Boden und beten zum Herrn. Nochmals greifen Josua und Kaleb ein und preisen die Güte des Landes Kanaan und weisen eindringlich darauf hin, daß Jahwe, wenn er will, Israel in das Land hereinführen könne. Darauf können sich alle verlassen. Mit Jahwe werden die Israeliten im Handumdrehen mit den Bewohnern Kanaans fertig. Was sind schon deren Götter gegen Jahwe, der seinem Volk zur Seite steht. Aber die Gemeinde der Israeliten läßt sich nicht umstimmen, sie wollen Josua und Kaleb sogar steinigen. Noch rechtzeitig erscheint Jahwe in seiner Herrlichkeit im Begegnungszelt und fällt eine richterliche Entscheidung.
Schön hat das der Künstler auf unserem Bild rechts dargestellt. Die Hand Jahwes hüllt Mose, Josua und Kaleb gleichsam in eine Hülle der Bewahrung, an der die Steine der Israeliten einfach abprallen.

Die Strafe: 40 Jahre in der Wüste

Der Herr sagte zu Mose und Aaron: „Wie lange soll ich es noch hinnehmen, daß dieses eigensinnige Volk sich gegen mich auflehnt? Ich habe wohl gehört, was sie gegen mich vorbringen. Richte ihnen meine Antwort aus! Sage zu ihnen: ‚Ich, der Herr, schwöre euch: Was ihr da verlangt habt, lasse ich in Erfüllung gehen – so gewiß ich lebe! In dieser Wüste sollt ihr sterben, alle wehrfähigen Männer von 20 Jahren an aufwärts. Das ist die Strafe dafür, daß ihr euch gegen mich aufgelehnt habt. Keiner von euch soll in das Land kommen, das ich euch mit einem Eid zugesichert habe, mit Ausnahme von Kaleb und Josua. Eure kleinen Kinder dagegen, von denen ihr gesagt habt: Sie werden den Feinden in die Hände fallen – die werde ich in das Land hineinbringen, das ihr verschmäht habt; genau sie werden es in Besitz nehmen. Ihr aber werdet in der Wüste sterben. Doch auch eure Söhne werden wegen eurer Untreue zu leiden haben: Noch vierzig Jahre lang müssen sie mit ihrem Vieh in der Wüste umherziehen, bis von eurer Generation keiner mehr am Leben ist. Vierzig Tage lang habt ihr das Land erkundet; so sollt ihr nun vierzig Jahre lang, für jeden Tag ein Jahr, eure Schuld abbüßen. Dann merkt ihr, was für Folgen es hat, wenn ich mich von jemand abwende. Ich werde mein Wort nicht zurücknehmen. Keiner von euch soll aus dieser Wüste herauskommen; alle werden in ihr den Tod finden. Dieses ganze böse Volk, das sich gegen mich zusammengerottet hat, soll seiner Strafe nicht entgehen.'"
Die Männer aber, die Mose ausgesandt hatte, um das Land zu erkunden, bestrafte der Herr auf der Stelle, so daß sie tot umfielen. Sie hatten nach ihrer Rückkehr schreckliche Dinge über das Land erzählt und so die ganze Gemeinde gegen Mose aufgewiegelt. Nur Josua und Kaleb blieben verschont. Num 14,26–38

Endlich greift nun Jahwe ein. Mit seinem unsinnigen Verhalten hat das Volk Israel Jahwe verachtet. Mose soll ihnen nun die Antwort des Herrn ausrichten. Jahwe schwört, daß in Erfüllung gehen werde, was das Volk verlangt hat. Alle Männer über 20 Jahre sollen in der Wüste sterben, keiner von ihnen wird das Land der Verheißung betreten, Josua und Kaleb ausgenommen. Erst die jetzt noch kleinen Kinder werden das Land in Besitz nehmen, aber auch erst nach einer Wanderhirtenzeit in der Wüste, mit der sie den Abfall der väterlichen Generation noch mit werden büßen müssen. Alle anderen werden in der Wüste zur Strafe sterben. Vierzig Jahre müssen sie mit dem Vieh durch die Wüste ziehen, bis keiner mehr von der Generation am Leben ist. Vierzig Tage dauerte die Erkundung des Landes, für jeden Tag ein Jahr Strafe! Und keiner soll dieser Strafe entgehen.
Die Kundschafter, mit Ausnahme von Josua und Kaleb, bestraft Jahwe auf der Stelle, sie fallen tot um. Jahwe läßt seiner nicht spotten!

Die 40jährige Wanderung der Israeliten durch die Wüste.

Die Anhänger Korachs lehnen sich gegen Mose auf

Die Anhänger Korachs treten gegen Mose auf. Mosaik in S. Maria Maggiore, Rom

Korach, der Sohn Jizhars, ein Levit von den Nachkommen Kehats, war so vermessen, sich gegen Mose aufzulehnen. Er wurde unterstützt von einigen Männern aus dem Stamm Ruben: von Datan und Abiram, den Söhnen Eliabs, und von On, dem Sohn Pelets, sowie von 250 anderen angesehenen Israeliten, lauter Männern, die in der Gemeinde mit einer Aufgabe betraut waren. Sie alle kamen miteinander zu Mose und Aaron und warfen ihnen vor: „Ihr nehmt euch zuviel heraus! Alle Israeliten gehören dem Herrn in gleicher Weise, und er ist mitten unter ihnen. Warum erhebt ihr euch über die Gemeinde des Herrn?"
Als Mose das hörte, warf er sich zu Boden und betete. Dann sagte er zu Korach und seinen Anhängern: „Morgen wird der Herr zeigen, wer zu ihm gehört. Er wird nur den in seine Nähe kommen lassen, den er ausgewählt hat. Nehmt Räucherpfannen, legt Glut hinein und Weihrauch darauf und kommt damit morgen vor das heilige Zelt. Dann wird es sich zeigen, wen der Herr ausgewählt hat und wen er anerkennt. Ihr Leviten seid es, die sich zuviel herausnehmen!"
Voll Zorn sagte Mose zum Herrn: „Nimm von ihnen kein Opfer mehr an! Ich habe meine Stellung nie mißbraucht, noch nicht einmal einen Esel habe ich beansprucht."

Num 16,1–7; 15

Korach, ein Levit, und mit ihm Datan und Abiram, dazu zweihundertfünfzig angesehene Männer lehnen sich gegen Mose und seinen Bruder Aaron und den priesterlichen Vorrang Aarons und der Seinen auf. Sie sagen, die ganze Gemeinde sei heilig, und in ihrer Mitte sei der Herr, darum dürfe sich keiner über sie erheben. Da warf sich Mose vor Jahwe nieder und rief die Entscheidung Jahwes an. Er gebot den Anführern, Rauchopfer darzubringen. Als sie alle mit ihren Räucherpfannen vor dem Offenbarungszelt versammelt waren, erschien Jahwe Mose und Aaron und befahl durch sie der Gemeinde der Israeliten, sich von den Wohnplätzen der Anführer zu entfernen. Dann sprach Mose zum Volk: „Wenn diese Leute sterben, wie alle Menschen, bin ich nicht der Gesandte Jahwes, werden sie aber von der Erde verschlungen, dann könnt ihr sie als Gotteslästerer erkennen." Kaum hatte Mose geendet, spaltete sich die Erde und verschlang Korach, Datan und Abiram samt ihren Frauen und Kindern und ihrer ganzen Habe. Von Jahwe aus fuhr ein Feuer in die zweihundertfünzig Männer mit den Räucherpfannen und verzehrte sie. Aus den Ascheresten wurden die Räucherpfannen hervorgesucht und aus ihnen ein Überzug für einen Altar gefertigt, der ein Denkmal für Israel sein sollte, daß keiner, der nicht von Aaron stammt, würdig sei, Jahwe ein Rauchopfer darzubringen.

Der blühende Stab Aarons

Aarons blühender Stab.
S. Maria Maggiore, Rom

Der Herr sagte zu Mose: „Laß dir von den Stammesoberhäuptern der Israeliten zwölf Stöcke geben, für jeden Stamm einen, und schreib auf jeden Stock den Namen seines Stammes. Auf den Stock des Stammes Levi schreibst du den Namen Aarons. Leg die zwölf Stöcke im Zelt vor die Lade mit dem Bundesgesetz, wo ich euch begegne. Dann wird der Stock dessen, den ich ausgewählt habe, Blätter treiben. So sorge ich dafür, daß die Israeliten sich nicht länger gegen euch auflehnen."

Mose sagte es den Israeliten. Jedes Stammesoberhaupt gab ihm einen Stock für seinen Stamm. Zusammen mit dem Stock Aarons waren es zwölf. Mose legte die Stöcke im heiligen Zelt vor die Lade des Herrn. Als er am nächsten Tag wieder ins Zelt kam, sah er, daß der Stock Aarons, der den Stamm Levi vertrat, Zweige und Blüten getrieben hatte und schon Mandeln trug.

Mose nahm die Stöcke und zeigte sie den Israeliten. Sie sahen, was geschehen war, und jedes Stammesoberhaupt nahm seinen Stock wieder an sich. Der Herr aber befahl Mose: „Bring den Stock Aarons zurück ins Heiligtum und bewahre ihn vor der Lade mit dem Bundesgesetz auf. Er soll eine Warnung sein für jeden, der sich meinen Anordnungen nicht fügt. Die Israeliten sollen aufhören, sich mir zu widersetzen; denn ich will nicht, daß sie alle sterben." Mose tat, was der Herr ihm befohlen hatte. Num 17,16–26

Jahwe gebietet dem Mose, er solle sich von jedem der Stammesoberhäupter der zwölf Stämme Israels einen Stab geben lassen und auf jeden Stab den Namen der Oberhäupter schreiben, auf den Stab des Stammes Levi aber den Namen Aarons. Die zwölf Stäbe soll Mose ins Offenbarungszelt legen. Mose legte die zwölf Stäbe im heiligen Zelt vor die Lade nieder. Als Mose tags darauf wieder in das heilige Zelt kam, hatte der Stab Aarons, der den Stamm Levi vertrat, Zweige und Blüten getrieben und trug sogar Mandeln. Mose zeigte die Stäbe dem Volk, jeder Stammesobere nahm wieder seinen Stock an sich. Jahwe befahl aber dem Mose, den Stab Aarons wieder in das Offenbarungszelt zu bringen und ihn in der Bundeslade neben dem Bundesgesetz aufzubewahren zur Warnung für jeden, der sich den Anordnungen Jahwes widersetze.

Man nannte die Quelle Meriba (Anklage)

Im ersten Monat des Jahres kam die ganze Gemeinde der Israeliten in die Wüste Zin. Längere Zeit blieben sie in der Oase Kadesch. Während dieser Zeit starb Mirjam und wurde dort begraben.
Als das Wasser ausging, lief die ganze Gemeinde zusammen und machte Mose und Aaron Vorwürfe. „Wären wir doch auch umgekommen wie die anderen, die der Herr sterben ließ!" schrien sie. „Warum habt ihr die Gemeinde des Herrn in diese Wüste gebracht? Unser Vieh verdurstet hier, und wir verdursten mit. Wozu habt ihr uns aus Ägypten geführt, wenn ihr uns nichts Besseres zu bieten habt? Hier wächst weder Korn noch Wein, es gibt keine Feigen und keine Granatäpfel, nicht einmal Wasser bekommt man zu trinken!"
Mose und Aaron wichen vor dem Volk bis zum Eingang des heiligen Zeltes zurück und warfen sich dort nieder. Da erschien ihnen die Herrlichkeit des Herrn, und der Herr sagte zu Mose: „Hol deinen Stock und geh mit Aaron zu dem Felsen dort drüben! Befehlt dem Felsen vor der versammelten Gemeinde, euch Wasser zu geben. Dann wird Wasser daraus hervorsprudeln, und ihr könnt Menschen und Vieh zu trinken geben."
Mose holte den Stock, der im Heiligtum aufbewahrt wurde. Zusammen mit Aaron rief er alle Israeliten zu dem Felsen und sagte zu ihnen: „Ihr seid ein widerspenstiges Volk! Haltet ihr es für möglich, daß wir euch Wasser aus diesem Felsen verschaffen können?" Er hob den Stock und schlug damit zweimal an den Felsen. Da kam so viel Wasser heraus, daß Menschen und Vieh genug zu trinken hatten.
Aber der Herr sagte zu Mose und Aaron: „Ihr habt mir nicht vertraut und wolltet mir keine Gelegenheit geben, mich vor den Israeliten als der heilige und mächtige Gott zu erweisen. Darum könnt ihr dieses Volk nicht bis in das Land führen, das ich ihnen versprochen habe."
Man nannte die Quelle Meriba (Anklage), weil hier die Israeliten den Herrn angeklagt hatten; doch er erwies sich als der heilige und mächtige Gott. Num 20,1–13

Frauen tragen Wasser von der Quelle in ihre Hütten (Afrika).

Fast vierzig Jahre wanderte das Volk Israel nun schon durch die Wüste, jetzt befanden sie sich in der Wüste Sin bei Kadesch, wo die Schwester des Mose starb. Wiederum fehlte es Volk und Vieh an Wasser, und wie schon so oft murrte das Volk gegen Mose und Aaron. Die beiden können auf die Anklage hin nichts weiter tun, als sich an Jahwe zu wenden, der auch im Offenbarungszelt in seiner Herrlichkeit erscheint und zu ihnen redet. Jahwe befiehlt ihnen, Mose solle seinen Stock holen und mit Aaron zusammen zu dem gegenüberliegenden Felsen gehen und dem Felsen vor der versammelten Gemeinde befehlen, Wasser zu geben. Mose holte den Stab aus dem Heiligtum, rief alle Israeliten vor dem Felsen zusammen, schalt es als widerspenstig, und nun kommt etwas, was wir von Mose eigentlich nicht erwartet hätten: er fragt das Volk: „Haltet ihr es für möglich, daß w i r euch Wasser aus diesem Felsen verschaffen können?" Er schlug zweimal an den Felsen, und es kam viel Wasser heraus, daß alle genug zu trinken hatten.
Mit Recht macht Jahwe Mose und Aaron Vorhaltungen, daß sie ihm nicht vertraut und keine Gelegenheit gegeben hätten, sich vor dem Volk als der mächtige Gott zu erweisen. Wir müssen staunend fragen, wie konnten nur die beiden, die doch während der jahrelangen Wüstenwanderung schon so oft die Macht Jahwes erfahren hatten, sich selbst in den Vordergrund stellen und nicht Jahwe die Ehre geben? Wer sind schon Mose und Aaron ohne Jahwe? Was können sie bewirken ohne die Macht und das Erbarmen Jahwes? Als wenn Mose oder Aaron ohne Jahwe Wasser aus dem Felsen hervorzaubern könnten!
Die Strafe folgt sofort. Mose und Aaron dürfen das Volk nicht in das von Jahwe versprochene Land hineinführen, sie werden vorher sterben.
Die Quelle nannte man fortan Meriba = Anklage.

Aarons Zeit ist abgelaufen

Sie brachen von Kadesch auf und kamen zum Berg Hor an der Grenze des Landes Edom. Dort sagte der Herr zu Mose und Aaron: „Aarons Zeit ist jetzt abgelaufen! Weil ihr beiden mir an der Meriba-Quelle nicht gehorcht habt, darf er das Land nicht betreten, das ich den Israeliten versprochen habe."
Zu Mose aber sagte er: „Nimm Aaron und seinen Sohn Eleasar mit dir auf den Berg Hor. Dort zieh Aaron die Priesterkleider aus und lege sie seinem Sohn an. Denn Aaron wird dort oben sterben."
Mose tat, was der Herr befohlen hatte. Vor den Augen der ganzen Gemeinde stiegen die drei auf den Gipfel des Berges, und Mose legte Eleasar die Kleider Aarons an. Dann starb Aaron, und Mose kehrte mit Eleasar wieder ins Lager zurück. Als die Israeliten hörten, daß Aaron gestorben war, trauerten sie dreißig Tage lang um ihn. Num 20,22–29.

Wie uns aus der vorhergehenden Perikope bekannt ist, müssen Aaron und Mose, bevor das Volk das verheißene Land erreicht, sterben. Wie später auch Mose, stirbt Aaron auf einem Berge. Auf Geheiß Jahwes soll Mose Aaron und dessen Sohn Eleasar mit sich auf den Berg Hor nehmen, Aaron dort die Priesterkleider ausziehen und sie Aarons Sohn anlegen. Aaron starb auf dem Berg, und Mose kehrte mit Eleasar in das Lager der Israeliten zurück. Es wird nur berichtet, daß die Gemeinde der Israeliten dreißig Tage lang um Aaron trauerte. Von einem Begrabenwerden des Aaron ist seltsamerweise nicht die Rede.

Hebron
Gaza
Gerar
Debir
Negev
Totes Meer
Raphia
Beerscheba
Arad
Horma
(Tell Malhata)
Zoar
Halak-Gebirge
(Dschebel Haláq)
Tophel
Berg Seïr
Kadesch Barnea
Berg Hor
Tamar
Sela
Azmon
Karka
Kadesch
Punon
(Phunon)
Hasar-Addar

Die erhöhte Schlange rettet vor Schlangenbiß

Als die Israeliten vom Berg Hor aus weiterzogen, wandten sie sich zunächst nach Süden, um das Gebiet der Edomiter zu umgehen. Aber unterwegs verlor das Volk die Geduld, und sie beklagten sich bei Gott und bei Mose: „Warum habt ihr uns aus Ägypten weggeführt, damit wir in der Wüste sterben? Hier gibt es weder Brot noch Wasser, und dieses elende Manna hängt uns zum Hals heraus!"
Da schickte der Herr zur Strafe giftige Schlangen unter das Volk. Viele Israeliten wurden gebissen und starben. Die Leute kamen zu Mose und sagten: „Es war nicht recht, daß wir uns gegen den Herrn und gegen dich aufgelehnt haben. Leg doch beim Herrn ein Wort für uns ein, damit er uns von diesen Schlangen befreit!"
Mose betete für das Volk, und der Herr sagte zu ihm: „Fertige eine Schlange an und befestige sie oben an einer Stange. Wer gebissen wird, soll dieses Bild ansehen, dann wird er nicht sterben!" Mose machte eine Schlange aus Bronze und befestigte sie an einer Stange. Wer gebissen wurde und auf diese Schlange sah, blieb am Leben. Num 21,4–9

Die Unzufriedenheit des Volkes mit dem kärglichen Leben in der Wüste führt jetzt am Ende der Wüstenwanderungszeit nicht mehr, wie bisher meist, zu göttlicher Hilfe, sondern zu einer Bestrafung der Mißmutigen, die gegen Jahwe und gegen Mose sich aufgelehnt hatten. Sie geschieht hier durch tödlich beißende Schlangen. Ein Sündenbekenntnis der Schuldigen ermöglicht Mose Fürbitte bei Jahwe, die auch Erhörung findet. Die Zusage Jahwes der Befreiung von der Schlangenplage wird an die Bedingung geknüpft, daß Mose das Bild einer bronzenen Schlange anfertigt und dieses Abbild oben an einer Stange anbringt, so daß sie allen sichtbar ist. Wenn der Gebissene diese eherne Schlange ansieht, wird der Schlangenbiß nicht tödlich sein. Damit ist die Macht Jahwes auch über die gefährlichen und tödlichen Schlangen gewährleistet.
Jahwes Hilfe für sein Volk ist unerschöpflich.

Schlangenbiß (links).
Auf Geheiß Jahwes hat Mose eine eherne Schlange an einem Pfahl befestigt (rechts).
(Augsburger Dom, Relief am rechten Seitenportal)

Der Moabiterkönig Balak sucht Hilfe beim Magier Bileam

Die Israeliten zogen wieder südwärts und schlugen im moabitischen Steppengebiet, in der Jordanebene gegenüber von Jericho, ihr Lager auf. Balak, der Sohn Zippors, wußte genau, was für eine Niederlage die Israeliten seinen Nachbarn, den Amoritern, bereitet hatten. Als er und seine Leute die Menge der Israeliten sahen, erschraken sie und verloren allen Mut.
König Balak schickte Boten in die Stadt Petor am Eufrat, um Bileam, den Sohn Beors, zu Hilfe zu rufen. Er ließ ihm sagen: „Ein großes Volk bedroht mich! Sie sind aus Ägypten gekommen und haben sich hier niedergelassen; direkt an meiner Grenze haben sie ein riesiges Lager aufgeschlagen. Ich kann nicht mit ihnen fertigwerden; deshalb komm bitte und hilf mir! Wenn du einen Fluch gegen sie aussprichst, wird es mir vielleicht gelingen, sie zu besiegen und zu vertreiben. Ich weiß, was dein Wort bewirken kann. Wenn du jemand segnest, muß ihm alles glücken, und wenn du jemand verfluchst, rennt er in sein Verderben."
Die Ältesten der Moabiter und der Midianiter gingen zu Bileam und nahmen den Lohn für seine Dienste gleich mit. Sie richteten ihm die Botschaft Balaks aus, und er antwortete ihnen: „Bleibt die Nacht über hier! Morgen kann ich euch sagen, welche Anweisung mir der Herr gegeben hat." So blieben die Anführer der Moabiter bei Bileam.
In der Nacht kam Gott zu Bileam und fragte: „Was für Männer hast du da bei dir zu Gast?" Bileam antwortete: „Der Moabiterkönig Balak hat sie zu mir geschickt. Das Volk, das aus Ägypten gekommen ist, macht ihm Angst. Nun soll ich hingehen und es mit einem Fluch belegen, damit er es vertreiben kann." Gott aber sagte zu Bileam: „Geh nicht mit ihnen! Du darfst dieses Volk nicht verfluchen, denn ich habe es gesegnet."
Am Morgen sagte Bileam zu den Abgesandten König Balaks: „Ihr müßt allein heimkehren. Der Herr hat mir verboten, mit euch zu gehen." Num 22,1–13

Auf seiner vierzigjährigen Wanderung durch die Wüste mußte sich das israelitische Volk wiederholt mit den Einwohnern des Landes und deren Stammesfürsten auseinandersetzen. So schlugen die Israeliten Sihon, den König der Amoriter, weil er sie nicht durch sein Land ziehen lassen wollte, darauf Og, den König von Basan, der ihnen sein Heer entgegengeschickt hatte. Überall hatten sie mit der Hilfe Jahwes gesiegt, und nun lagen sie bereits am Jordan, gegenüber von Jericho.
Als Balak, der König der Moabiter, sah, wie vernichtend die Israeliten mit der Hilfe Jahwes die Amoriter geschlagen hatten, ging er mit den Midianitern ein Bündnis ein.
Am Euphrat in der Stadt Petor lebte ein Wahrsager, Bileam, der im Rufe stand, zu segnen oder zu verfluchen. Zu Bileam sandte nun Balak, der König der Moabiter, Boten mit Geschenken. Sie sollten Bileam bitten, mit ihnen zu gehen, um das Volk Israel zu verfluchen, denn dann würde es Balak gelingen, Israel zu besiegen.
Doch Bileam antwortete den Boten, sie mögen die Nacht bei ihm bleiben, denn er wolle zunächst den Willen Jahwes erfragen. Doch Jahwe sprach in der Nacht zu Bileam, er solle nicht mit den Gesandten gehen, um das Volk zu verfluchen, denn es ist von ihm gesegnet. So mußten die Boten unverrichteter Dinge wieder zu Balak zurückkehren.

KUE
Karkemisch
Harran
Petor
Sagur
(Til Barsip)
Balich
Amanus
Orontes
Aleppo
Karkar
Hamat
Arwad
(ar-Ruad)
Oberes Meer
Arka
Siannu
Tadmor
Gebal
(Byblos)
Libanon
Sidnon
Damaskus
Zor
(Sūr [Tyros])
ARAM
ISRAEL
Samaria
Jordan
Rabba der
Ammoniter
Jerusalem

Bileam und die hellsichtige Eselin

Da schickte Balak eine noch größere Gesandtschaft und wählte dafür noch angesehenere Männer aus. Er ließ Bileam durch sie ausrichten: „Nichts darf dich abhalten zu kommen!“
In der Nacht kam Gott und sprach zu Bileam. „Auch diese Männer kommen also von Balak und wollen dich holen?“ fragte der Herr. „Geh ruhig mit ihnen; aber tu nur das, was ich dir sagen werde.“
Am Morgen sattelte Bileam seine Eselin und machte sich mit den Abgesandten König Balaks auf den Weg. Darüber wurde Gott zornig. Während Bileam mit seinen beiden Dienern dahinritt, stellte sich ihm der Engel des Herrn in den Weg.
Die Eselin sah den Engel mit dem gezogenen Schwert in der Hand dastehen und wich ihm aus. Sie ging vom Weg ab ins Feld hinein. Bileam schlug die Eselin und trieb sie wieder auf den Weg zurück.
Da stellte sich der Engel an eine Stelle, wo der Weg rechts und links von Weinbergmauern begrenzt war. Die Eselin sah ihn und suchte auszuweichen. Sie drückte sich an die Mauer. Bileams Fuß wurde eingequetscht, und wieder schlug er sie.
Der Engel ging nochmals ein Stück weiter und suchte eine Stelle, an der man weder nach rechts noch nach links ausweichen konnte. Als die Eselin ihn sah, legte sie sich hin. Bileam wurde vom Zorn gepackt, und er schlug mit dem Stock auf sie ein.
Da gab der Herr der Eselin die Fähigkeit zu sprechen, und sie sagte zu Bileam: „Du hast mich jetzt schon dreimal geschlagen. Was habe ich dir denn getan?“ „Zum Narren hältst du mich!“ schrie Bileam. „Wenn ich ein Schwert hätte, wäre es schon längst um dich geschehen.“ Die Eselin sagte: „Schon so lange reitest du nun auf mir und kennst mich genau. Warst du bisher jemals unzufrieden mit mir?“ „Nein, nie“, antwortete Bileam.
Da öffnete der Herr ihm die Augen, und er sah den Engel mit dem Schwert mitten auf dem Weg stehen. „Ich habe Unrecht getan“, sagte Bileam. „Ich habe nicht gewußt, daß du dich mir in den Weg gestellt hattest. Ich werde sofort umkehren, wenn du mit dieser Reise nicht einverstanden bist.“ „Geh ruhig mit diesen Männern“, sagte der Engel. „Aber du darfst nur sagen, was ich dir auftrage.“ So folgte Bileam weiter den Abgesandten König Balaks. Num 22,15–16; 31; 34–35

Bileam reitet auf seiner Eselin

Doch Balak gab nicht auf, nur in der Verfluchung Israels sah er noch die letzte Rettung. Deshalb sandte er nochmals eine Gesandtschaft zu Bileam, es waren noch vornehmere Männer als die ersten, die noch wertvollere Geschenke für Bileam mitnahmen. Wiederum befragte Bileam Jahwe, wie er sich verhalten solle, und diesmal erlaubte ihm Jahwe, zu Balak mitzugehen. Allerdings dürfe er nur das zu Balak sagen, was Jahwe ihm gebieten werde.
Bileam sattelte seine Eselin und ritt mit der Gesandtschaft zu Balak. Seine Gedanken waren auf dem Weg bereits bei der Belohnung für sein Kommen. Das gefiel Jahwe nicht und er zürnte Bileam. Mit gezücktem Schwert stellte sich ein Engel Bileam in den Weg. Doch Bileam sah den Engel nicht, wohl aber seine Eselin; sie bog vom Weg ab und ging in das Feld. Bileam schlug das Tier und trieb es auf den Weg zurück. Darauf stellte sich der Engel wieder in den Weg, wo er zwischen Weinbergen hindurchlief und auf beiden Seiten von Mauern eingegrenzt war. Als die Eselin den Engel erblickte, drängte sie sich an die Wand des Hohlweges und zwängte dabei Bileams Fuß ein. Abermals schlug Bileam das Tier. Ein drittes Mal stellte sich der Engel in einen Engpaß, wo der Esel weder nach links noch nach rechts ausweichen konnte. Als die Eselin wieder den Engel erblickte, legte sie sich einfach zu Boden. Wieder schlug Bileam auf das Tier ein. Nun begann die Eselin zu reden, denn der Herr öffnete ihr das Maul, und sie fragte, warum Bileam sie schlage, was sie ihm denn getan habe, sie sei doch bisher niemals launisch gewesen. Da gingen Bileam die Augen auf, und auch er sah den Engel mit dem Schwert auf dem Wege stehen. Bileam warf sich vor ihm nieder und wollte wieder heimkehren, doch der Engel befahl ihm mitzugehen und zu Balak nur zu sagen, was Jahwe ihm gebieten werde.
Was Bileam König Balak im Auftrag Jahwes zu sagen hatte, sei auf den folgenden Seiten im Wortlaut wiedergegeben.

Bileam muß Israel segnen

Bileam.
(Kapitell in Autin, Frankreich)

Am anderen Morgen ging Balak mit Bileam nach Bamot-Baal, von wo aus man den Rand des israelitischen Lagers sehen konnte. Bileam sagte zum König: „Laß sieben Altäre errichten und sieben Stiere und sieben Schafböcke zum Opfer bereitstellen." Balak ließ alles nach Bileams Wunsch vorbereiten, und sie brachten auf jedem Altar einen Stier und einen Schafbock als Brandopfer dar. Dann sagte Bileam zu Balak: „Bleib du hier bei den Opfern; ich will dort hinübergehen und sehen, ob der Herr mir etwas offenbart. Ich werde dir dann sagen, was er mich schauen läßt."
Bileam ging auf eine kleine unbewaldete Anhöhe. Dort erschien ihm der Herr. Bileam sagte zu ihm: „Ich habe dir sieben Altäre gebaut und auf jedem einen Stier und einen Schafbock als Opfer dargebracht." Der Herr wies Bileam an, was er sagen sollte, und schickte ihn zu Balak zurück.
Der König stand noch bei den Opferaltären, und auch die führenden Männer der Moabiter waren bei ihm.

Num 22,41; 23,1–6

Da begann Bileam zu sprechen:

„Vom Osten her, vom Aramäerland
und seinen Bergen, rief mich König Balak,
und er befahl: ‚Du sollst das Jakobsvolk
mit einem Fluch belegen!
Verwünschen sollst du dieses Israel!'
Wie kann ich dieses Volk verwünschen,
wenn Gott, der Herr, es nicht verwünschen will?
Wie soll ich es verfluchen können,
solange er nicht selbst den Fluch ausspricht?
Hier von der Höhe aus kann ich sie sehen,
von diesem Felsengipfel aus erkenne ich:
Sie sind ein Volk von ganz besonderer Art,
das sich mit anderen Völkern nicht vermischt.
Kein Mensch kann diese Jakobsleute zählen,
wie Staub bedecken sie die Erde,
die Scharen Israels, die vielen tausend.
Sie sind ein Volk, das Gottes Willen tut.
Ich möchte, daß ich einmal so wie sie
in Gottes Frieden sterben könnte!"

Empört rief Balak: „Warum hast du mir das angetan? Ich habe dich holen lassen, damit du meine Feinde verfluchst, und nun segnest du sie!"
Aber Bileam erwiderte: „Ich kann nichts anderes sagen, als was der Herr mir in den Mund legt."

Num 23,7–12

Jahwe läßt sich nicht bestechen

Der König sagte zu Bileam: „Komm jetzt mit mir zu einer anderen Stelle, von wo aus du das ganze Volk sehen kannst. Von hier siehst du nur den Rand ihres Lagers. Vielleicht kannst du von dort aus etwas gegen sie tun." Er nahm ihn mit sich zum Späherplatz auf dem Gipfel des Berges Pisga. Auch dort errichtete er sieben Altäre und opferte auf jedem einen Stier und einen Schafbock. „Bleib du bei deinen Opfern", sagte Bileam, „ich will nach dort drüben gehen und sehen, was der Herr mir offenbart."
Der Herr erschien Bileam und wies ihn an, was er sagen sollte. Als Bileam zu König Balak und den führenden Moabitern zurückkam, frage ihn Balak: „Was hat der Herr dir aufgetragen?" Num 23,13–17

Bileam begann:

„Hör mir gut zu jetzt, Balak, Zippors Sohn!
Du darfst nicht meinen, Gott sei wie ein Mensch!
Er lügt nicht, und er ändert niemals seinen Sinn.
Denn alles, was er sagt, das tut er auch.
Verspricht er etwas, hält er es gewiß.
Er gab mir Weisung, dieses Volk zu segnen;
und wenn er segnen will, kann ich's nicht
ändern.
Es bleibt dabei: Kein Unglück wird sie treffen,
kein Unheil wird in Israel zu sehen sein.
Der Herr steht ihnen bei, er ist ihr Gott;
er ist ihr König, dem ihr Jubel gilt.
Er hat sie aus Ägypten hergebracht
und streitet für sie wie ein wilder Stier.
Mit Zauberei und mit Beschwörungs-
formeln
ist gegen dieses Volk nichts auszurichten.
Darum zeigt man auf Israel und sagt:
‚Sieh doch, was Gott für sie getan hat!'
Ein Löwe gibt nicht eher Ruhe,
als bis er seine Beute eingefangen
und seines Opfers Blut getrunken hat.
So stark und fürchterlich ist dieses Volk!"

König Balak rief: „Wenn du sie schon nicht verfluchen kannst, dann brauchst du sie doch nicht gleich zu segnen!" Aber Bileam erwiderte: „Ich habe dir doch gesagt: ich werde genau das sagen, was der Herr mir aufträgt." Num 23,18–26

Auch der dritte Versuch scheitert

„Komm", sagte Balak, „ich will dich noch an eine dritte Stelle führen! Vielleicht erlaubt Gott, daß du sie mir von dort aus verfluchst." Er nahm Bileam mit auf den Gipfel des Berges Pegor. Von dort aus kann man direkt in die Jordanebene hinunterschauen. „Baue mir hier sieben Altäre", sagte Bileam, „und richte für jeden Altar einen Stier und einen Schafbock als Opfer her." Balak tat es und brachte die Opfer dar.
Diesmal schaute Bileam nicht nach Vorzeichen aus. Als er in die Ebene hinunterblickte, sah er das Volk Israel nach Stämmen geordnet lagern und wußte sofort, daß der Herr dieses Volk liebte und es segnen wollte. Num 23,27–24,2

Bileam.
(Detail vom Kapitell in Autin)

Erfüllt vom Geist Gottes sagte er:

„Ich höre, was der Herr verkündet.
Ich sehe, was der Mächtige mir zeigt.
Ich liege da – die Augen sind geschlossen –,
ich schaue, was Gott vorgezeichnet hat:
Wie schön sind deine Zelte, Israel!
Wie blühend sehen deine Dörfer aus!
In allen Tälern dehnen sie sich weit,
wie frisches Grün, wie Gärten an den Bächen,
wie starke Bäume, die der Herr gepflanzt hat,
wie Zedern an den Wasserläufen.
Die Brunnen Israels versiegen nicht,
die Saat steht reich bewässert auf den Feldern.
Sie werden mächtiger als ihre Nachbarn,
ihr König wird selbst König Agag schlagen.
Ihr Gott errettete sie aus Ägypten,
er streitet für sie wie ein wilder Stier.
Sie werden ihre Feinde ganz vernichten,
so wie ein Raubtier seine Beute frißt
und ihr die Knochen durchbeißt und zermalmt.
Die Pfeile dieses Volkes treffen tödlich.
Es ist gefährlich wie ein starker Löwe.
Wer wagt ihn aufzustören, wenn er ruht?
Ein jeder, der dich segnet, Israel,
hat selber teil an diesem Segen.
Wer dich verflucht, wird selbst vom Fluch getroffen."

Vor Zorn ballte Balak die Fäuste und sagte zu Bileam: „Du solltest einen Fluch auf meine Feinde schleudern, der ihnen den Untergang bringt. Dazu ließ ich dich holen. Du aber hast sie gesegnet, und das schon zum drittenmal! Mach, daß du fortkommst! Scher dich nach Hause! Ich hatte dir eine reiche Belohnung versprochen. Du kannst dich beim Herrn dafür bedanken, daß sie dir jetzt entgeht!" Num 24,3–11

Bileam blickt in die Zukunft

Mose an der Spitze des Zuges der Israeliten.
Kath. Pfarrkirche St. Margareth in Eiersheim

Bileam erwiderte: „Ich habe doch gleich zu deinen Boten gesagt: ‚Auch wenn König Balak mir alles Silber und Gold gibt, das er besitzt – ich kann nur tun, was der Herr mir aufträgt. Ich verteile Fluch und Segen nicht nach meinem eigenen Willen. Ich muß sagen, was der Herr mir befiehlt.' Jetzt kehre ich nach Hause zurück. Aber vorher will ich dir noch ankündigen, was dein Volk von den Israeliten in der Zukunft zu erwarten hat."
Num 24,12–14

Dann begann er:

Ich höre, was der Herr verkündet.
Ich sehe, was der Mächtige mir zeigt.
Ich liege da – die Augen sind geschlossen –,
ich schaue, was Gott vorgezeichnet hat:
Ich sehe einen, noch ist er nicht da;
ganz fern erblick' ich ihn, er kommt bestimmt!
Ein Stern geht auf im Volk der Jakobssöhne,
ein König steigt empor in Israel.
Er wird die Moabiter tödlich treffen
und ihnen schonungslos den Kopf zerschmettern.
Das ganze Seïr nimmt er in Besitz,
das Land der Edomiter, seiner Feinde.
Und Israel wird stark und mächtig werden.
Der König, der von Jakob abstammt,
wird über alle seine Feinde siegen.
Auch wer sich in die feste Stadt gerettet hat,
wird dort vor ihm nicht sicher sein."

Als Bileam seine Weissagungen beendet hatte, machte er sich auf den Weg in seine Heimat, und auch Balak kehrte nach Hause zurück. Num 24,15–19; 25

Jahwe bestimmt Josua zu Moses Nachfolger

Josua wird zum Nachfolger Moses (links). Moses Tod auf dem Berg Nebo (rechts). Mosaik in S. Maria Maggiore, Rom

Der Herr sagte zu Mose: „Steig auf das Abarim-Gebirge und blicke über das Land, das ich den Israeliten geben will. Danach mußt du sterben, so wie dein Bruder Aaron gestorben ist. Ihr dürft das Land nicht betreten, weil ihr mir damals in der Wüste Zin nicht gehorcht habt. Als die ganze Gemeinde gegen mich Anklage erhob, wolltet ihr mir keine Gelegenheit geben, mich vor den Israeliten durch das Wasserwunder als der heilige und mächtige Gott zu erweisen." (Von daher hatte die Quelle bei Kadesch den Namen Meriba, d. h. Anklage, erhalten.)
Mose sagte: „Herr, du Gott, von dem alles Leben kommt, setze einen Nachfolger für mich ein, der das Volk führen kann. Sonst wird deine Gemeinde wie eine Herde sein, die keinen Hirten hat."
Der Herr antwortete: „Nimm Josua, den Sohn Nuns; ihn habe ich dazu fähig gemacht. Laß ihn vor den Priester Eleasar und die ganze Gemeinde treten und setze ihn als deinen Nachfolger ein. Leg deine Hände auf ihn und gib ihm von der Kraft, die in dir ist, damit ihm die ganze Gemeinde der Israeliten gehorcht. Bei allen wichtigen Entscheidungen soll er sich an den Priester Eleasar wenden, damit der durchs Los meine Weisung einholt. Nach dem Bescheid Eleasars sollen dann er und alle Israeliten handeln."
Mose tat, was der Herr ihm befohlen hatte. Er holte Josua und ließ ihn vor Eleasar und die ganze Gemeinde treten. Dann legte er seine Hände auf ihn und setzte ihn als seinen Nachfolger ein, wie der Herr es ihm aufgetragen hatte. Num 27,12–23

Im vierzigsten Jahr der Wüstenwanderung versammelte Mose die ganze Gemeinde der Israeliten jenseits des Jordans im Lande Moab und hielt an sie eine lange Rede. Er erinnerte dabei an alles, was seit der Gesetzgebung am Sinai durch Jahwe geschehen war und vor allem an die wunderbare Führung Jahwes durch die Wüste. Er erinnerte an die Halsstarrigkeit des Volkes, an das immer neue Vergeben Jahwes, und er schärfte dem Volk nochmals die genaue Befolgung des Gesetzes Jahwes ein. Nochmals wiederholte er dem Volk die Zehn Gebote, legte ihnen viele Gesetze aus. Schließlich ordnete er an, welche Stämme des Volkes nach dem Durchzug durch den Jordan auf den Berg Garizim hinaufsteigen und die Segensverheißungen über das Volk sprechen und welche Stämme auf den Berg Ebal hinaufsteigen und dort den Übertretern des Gesetzes fluchen sollten.
Mose wußte, daß er, genau wie sein Bruder Aaron, das verheißene Land nicht betreten durfte, weil sie in der Wüste Zin nicht gehorcht hatten, und daß er bald sterben müsse.
Mose stellte dem Volk Josua seinen Nachfolger vor und ermahnte nochmals alle zur Tapferkeit im Kampf um das von Jahwe verheißene Land. Er übergab den Leviten das Gesetz und ordnete an, daß es jedes siebente Jahr dem Volk vorgelesen werde.
Jahwe erschien dem Mose und Josua in einer Wolkensäule am Eingang des Offenbarungszeltes und verkündete Mose den nahen Tod. Er gebot ihm, ein Lied zu schreiben (siehe Seite 5), das er Israel lehren solle, und gab ihm nochmals die Verheißung, daß er das Volk in das Land bringen werde, das er versprochen habe. Mose schrieb das Lied, gab es den Leviten, die es in die Bundeslade legen sollten.

Moses Tod

Dann stieg Mose vom moabitischen Steppengebiet hinauf auf den Berg Nebo, auf den Gipfel des Pisga, der östlich von Jericho liegt. Dort oben zeigte ihm der Herr das Land, das zu seinen Füßen ausgebreitet war: die Landschaft Gilead und die daran anschließenden Gebiete bis hinauf zum Stammesgebiet von Dan, das ganze Gebiet des Stammes Naftali, das Gebiet der Stämme Efraïm und Manasse und das ganze Gebiet des Stammes Juda bis zum Meer im Westen, ebenso das Südland und die Senke von der Palmenstadt bis nach Zoar. Er sagte zu ihm: „Dies ist das Land, das ich Abraham, Isaak und Jakob mit einem Eid versprochen und von dem ich zu ihnen gesagt habe: ‚Euren Nachkommen will ich es geben!' Du hast es jetzt mit eigenen Augen gesehen, aber du selbst darfst es nicht betreten."
So starb Mose, der Diener Gottes, im Land Moab, wie der Herr es bestimmt hatte. Gott begrub ihn dort im Tal gegenüber von Bet-Pegor. Bis heute weiß niemand, wo sein Grab ist. Mose war 120 Jahre alt, als er starb. Aber bis zuletzt war er rüstig geblieben, und seine Sehkraft hatte nicht nachgelassen. Dreißig Tage lang hielten die Israeliten im moabitischen Steppengebiet für ihn die Totenklage. Dtn 34,1–8

Blick vom Berg Nebo aus.

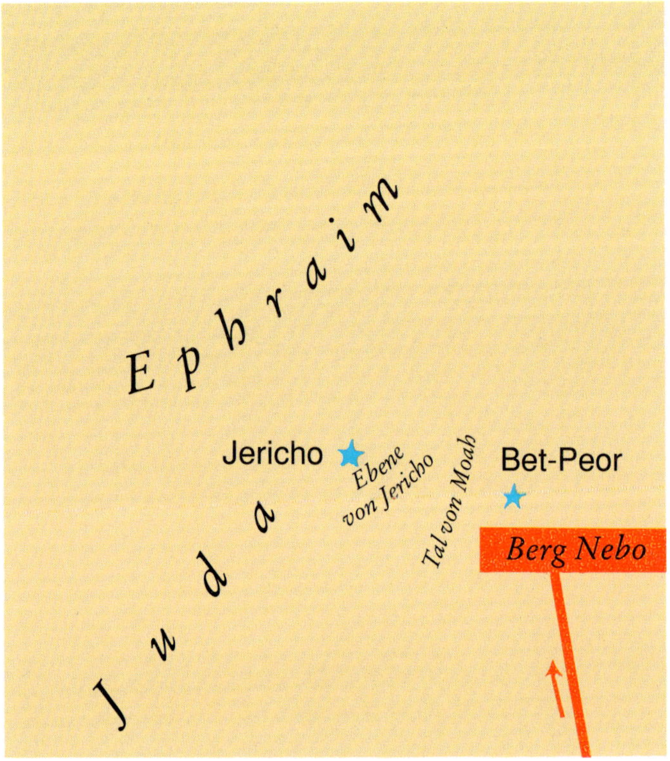

Jahwe befahl Mose, auf den Berg Nebo zu steigen, der im Lande Moab gegenüber von Jericho liegt. Mose segnete nochmals das Volk und jeden einzelnen der Stämme und machte sich auf, dem Ruf Jahwes zu folgen. Jahwe ließ Mose vom Berg Nebo aus das ganze Land Kanaan sehen. Er sprach zu ihm: „Dies ist das Land, das ich Abraham, Isaak und Jakob mit einem Eid versprochen habe." Nach den Worten Jahwes starb Mose, der Auserwählte Jahwes. Er war einhundertzwanzig Jahre alt, er war rüstig bis in seine hohen Jahre hinein. Man begrub Mose in Moab, gegenüber von Bet-Peor, keiner weiß bis heute die Grabstelle.
Das Volk Israel beweinte ihren großen Führer dreißig Tage lang.
Erschütternd nüchterner Heimgang eines Freundes Jahwes!

Das Buch Josua

Dieses Buch ist nach Josua, dem Nachfolger des Mose benannt.
Es berichtet vom Einzug Israels in das verheißene Land und umfaßt die Zeit vom Tod Moses bis zum Tod Josuas.
Das von Gott verheißene Land westlich des Jordans wird erobert und durch Josua an die Stämme Israels verteilt. Der Bericht über die feierliche Verpflichtung Israels auf Jahwe, seinem Gott, schließt das Buch ab.

Das Buch besteht aus drei Teilen:

Eroberung des Westjordanlandes unter der Führung Josuas;
Verteilung des Landes;
Verpflichtung auf Jahwe.

Das Buch Josua will bezeugen, daß Jahwe die Landverheißung eingelöst hat, und es mahnt Israel, seinem Bund mit Jahwe treu zu bleiben.

Wer war der neue Mann J o s u a ?

Wir sind ihm schon einige Male begegnet:

2 Mose 17,9.13.14 ist er Heerführer Israels im Kampf gegen die Amalekiter.

2 Mose 24,13 begleitet er als Diener Mose seinen Herrn auf den Berg Sinai und kehrt nach 2 Mose 32,17 mit ihm zurück. Er hält das Geschrei um das Goldene Kalb für Kriegsgeschrei, was ihm als Führer des Heeres nahe liegt.

2 Mose 33,11 heißt es, daß „sein Diener und Jünger Josua, der Sohn Nuns, nicht aus dem Begegnungszelt wich". Er hatte also auch eine kultische Aufgabe.

4 Mose 11,28: Bei der Geistausgießung über die Mitarbeiter des Mose wollte Josua, „der dem Mose diente von seiner Jugend an", aus Eifer für seinen Herrn denen wehren, die im Lager geblieben waren und dennoch „in Zungen redeten".

4 Mose 13,8.16 finden wir ihn als Vertreter des Stammes Efraim mit dem Namen Hoschea unter den zwölf Kundschaftern. Er wird von Mose in Josua umbenannt.

4 Mose 14,6 zeigt sich Josua zusammen mit Kaleb als Optimist und will das Land Kanaan einnehmen, was beide fast das Leben kostet.

4 Mose 14,38 dürfen beide als einzige in das verheißene Land gelangen.

4 Mose 34,17 soll Josua zusammen mit Eleasar die Landverteilung vornehmen.

Jahwe gibt den Befehl zum Einzug in das Gelobte Land

Nachdem Mose gestorben war, sagte der Herr zu Josua, dem Sohn Nuns, dem Helfer Moses: „Mein Diener Mose ist tot. Nun ist es soweit: ihr dürft nun in das Land gehen, das ich euch geben will. Führe das ganze Volk Israel über den Jordan! Jeder Fleck Erde, den ihr betreten werdet, gehört euch, wie ich es Mose versprochen habe. Euer Gebiet soll von der Wüste im Süden bis zum Libanongebirge im Norden reichen und im Westen bis zum Mittelmeer; nach Osten zu soll es das ganze Land der Hetiter bis zum Eufrat einschließen. Kein Feind wird sich gegen dich behaupten können; denn ich werde dir dein Leben lang zur Seite stehen, genauso wie ich es bei Mose getan habe. Niemals werde ich dir meine Hilfe entziehen, nie dich im Stich lassen.

Sei tapfer und entschlossen! Unter deiner Führung soll dieses Volk das Land in Besitz nehmen, das ich ihren Vorfahren mit einem Eid zugesagt habe. Halte dich mutig und unbeirrbar an das, was mein Diener Mose gesagt hat! Befolge mein Gesetz, das er dir übergeben hat, und laß nicht das geringste davon außer acht; dann wird dir alles gelingen, was du unternimmst. Lies dem Volk regelmäßig aus dem Gesetz vor und denke selber Tag und Nacht darüber nach, damit dein ganzes Tun an meinen Weisungen ausgerichtet ist. Dann wirst du Erfolg haben und wirst alles, was du beginnst, glücklich vollenden.

Ich sage dir noch einmal: Sei tapfer und entschlossen! Laß dich durch nichts erschrecken und verliere nie den Mut; denn ich, der Herr, dein Gott, bin bei dir, wohin du auch gehst!" Jos 1,1–9

Aufbruch der Bundeslade zum Durchzug durch den Jordan. Mosaik in S. Maria Maggiore, Rom

„Unser Stammvater war ein heimatloser Aramäer. Als er am Verhungern war, zog er mit seiner Familie nach Ägypten und lebte dort als Fremder. Mit einer Handvoll Leuten kam er hin, aber seine Nachkommen wurden dort zu einem großen und starken Volk. Die Ägypter unterdrückten uns und zwangen uns zu harter Arbeit. Da schrien wir zum Herrn, dem Gott unserer Vorfahren, um Hilfe. Er hörte uns und half uns aus Not, Elend und Sklaverei. Er versetzte die Ägypter durch seine mächtigen Wundertaten in Angst und Schrecken. Er führte uns mit starker Hand und erhobenem Arm aus Ägypten heraus. Er brachte uns an diese heilige Stätte und gab uns dieses Land, in dem Milch und Honig fließen." (Deut 26,5–9)

Diese credoartige Aussage von der Herausführung aus Ägypten und dem Hereinführen in das Land der Verheißung erinnert den Bauern, der seine Erntefrüchte bringt, an seine Herkunft. Die einzelnen Ereignisse der Geschichte werden nacheinander aufgezählt und zu einem großen Geschehnisbogen verschmolzen, der Israel aus Not und Sklaverei zur Rettung führt.

Im Ablauf der Geschehnisse steht nun das Volk Israel mit seinem neuen Führer Josua an der Grenze zu diesem von Jahwe schon Abraham versprochenen Land. Jahwe will es seinem auserwählten Volk nun schenken, deshalb müßte man eigentlich nicht von der Landnahme, sondern der Landgabe sprechen. Der einzig Handelnde ist Jahwe, der in zweifacher Hinsicht seinem Volk Rettung gebracht hat: durch das Herausführen aus Ägypten und durch die Schenkung und das Hineinführen in das verheißene Land. Daß nun dieser zweite Akt göttlicher Schenkung beginnt, ist nicht geschichtlicher Zufall, sondern sich erfüllendes Gotteswort, ein Zeichen göttlicher Treue.

Eine Kanaaniterin hilft den Kundschaftern

Von Schittim aus schickte Josua heimlich zwei Männer auf die andere Seite des Jordans und befahl ihnen: „Erkundet das Land dort drüben und besonders die Stadt Jericho!" Die Kundschafter kamen in die Stadt und kehrten im Haus einer Prostituierten namens Rahab ein, um dort zu übernachten.
Noch am selben Abend wurde dem König von Jericho gemeldet, daß israelitische Kundschafter in die Stadt gekommen waren. Sofort schickte er Wachleute zu Rahab und befahl ihr: „Gib die beiden Männer heraus, die bei dir eingekehrt sind! Sie sind nur gekommen, unser Land auszuspionieren."
Rahab versteckte die beiden auf dem flachen Dach ihres Hauses unter einem Haufen von Flachs und sagte zu den Wächtern: „Ja, es waren zwei Männer bei mir. Aber ich wußte nicht, woher sie kamen. Beim Einbruch der Dunkelheit, bevor das Tor geschlossen wurde, haben sie die Stadt wieder verlassen."
Die Wächter nahmen sofort die Verfolgung auf und liefen bis an den Jordanübergang. Das Stadttor wurde wieder hinter ihnen geschlossen.
Rahabs Haus war unmittelbar an die Stadtmauer gebaut. So konnte Rahab die beiden Männer an einem Seil aus dem Fenster die Mauer hinunterlassen. Dabei sagte sie zu ihnen: „Geht zuerst ins Bergland und versteckt euch dort, damit ihr nicht euren Verfolgern in die Hände lauft. Wartet drei Tage lang, bis sie die Verfolgung aufgegeben haben. Dann könnt ihr unbehelligt in euer Lager zurückkehren."
Zum Abschied sagten die Kundschafter: „Wir haben dir geschworen, daß du verschont werden sollst. Hör zu, was du tun mußt! Binde diese rote Schnur an das Fenster, durch das du uns hinuntergelassen hast, und nimm deine Eltern, Geschwister und alle anderen Verwandten zu dir ins Haus. Keiner darf es verlassen. Wer hinausgeht und getötet wird, ist selbst daran schuld. Wir übernehmen dafür keine Verantwortung. Wenn aber einer drinnen im Haus umgebracht wird, trifft die Schuld uns. Du darfst aber nichts verraten! Sonst sind wir nicht mehr an den Eid gebunden, den wir dir geschworen haben." „Gut", sagte Rahab, „so soll es sein." Als die Kundschafter gegangen waren, band sie die rote Schnur ans Fenster. Die beiden Männer versteckten sich drei Tage in den Bergen.

Jos 1–5; 7; 15–22a

Mose sendet die Kundschafter aus (oben). Rahab läßt die Kundschafter an der Mauer ihres Hauses herunter (unten). Mosaik in S. Maria Maggiore, Rom

Nach der langen Wanderung durch die Wüste ist nun das Volk Israel mit seinem neuen Mann an der Spitze bis Schittim, das gegenüber von Jericho liegt, gekommen. Nach Moses Tod hat ihm Jahwe den Auftrag gegeben, über den Jordan zu ziehen und das Land einzunehmen. Geschickt, eben wie ein erfahrener Krieger, bereitet er die Invasion vor. Er will wissen, was ihn drüben über dem Jordan erwartet. Heimlich schickt er zwei Mann als Spähtrupp aus; es darf sich nicht wiederholen, was er selbst als Kundschafter erlebt hat, daß etwa ungünstige Nachrichten das ganze Volk in Angst versetzen. Die beiden Männer kommen nach Jericho und finden im öffentlichen Gasthaus Unterkunft. Die Besitzerin ist Rahab, eine Dirne. Schnell hat man erfahren, daß Fremde im Gasthaus untergekommen sind, und man fordert ihre Herausgabe. Die Frau schützt aber mit List und Schläue ihre Gäste und verhilft ihnen zur Flucht. Warum tut sie das? Ihr Motiv ist Angst und Berechnung aus einer hellseherischen Ahnung heraus. Sie sagt: „Ich weiß, daß Gott euch das Land gegeben hat und daß uns Furcht vor euch befallen hat und alle Bewohner des Landes aus Angst vor euch vergehen." Man weiß also in Jericho, was Jahwe seinem Volk Israel getan hat. Rahab handelt klug: Sie hilft den Kundschaftern, damit sie und ihr eigenes Haus verschont werden. Das müssen die Kundschafter ihr schwören. Josua übernimmt später die Verantwortung für die Einhaltung des Schwurs. Damit ist der Zweck der Unternehmung erfüllt. Josua weiß nun: „Alle Einwohner sind aufgelöst in Angst vor uns." Jahwe steht zu seinem Volk und hat alles bereits vorbereitet.
Nach Mt 1,5 wird Rahab nach der Eroberung dem Volk Israel einverleibt und wird später Mutter des Boas, der die Moabiterin Rut heiratet, dessen Urenkel der König David sein wird. (Siehe am Ende des Buches: Buch Rut!)

Das Jordanwunder

Am nächsten Morgen brach Josua mit allen Israeliten von Schittim auf und zog mit ihnen bis an den Jordan. Dort schlugen sie ihr Lager auf. Am dritten Tag schickte Josua wieder die Aufseher durchs Lager und ließ den Befehl ausgeben: „Wenn ihr seht, daß die Priester aus dem Stamm Levi die Bundeslade des Herrn, eures Gottes, aus dem Lager tragen, dann brecht auf und zieht hinter ihr her!"
Nun brach das Volk auf, um den Jordan zu überschreiten. An der Spitze des Zuges gingen die Priester mit der Bundeslade. Es war gerade Frühjahr; um diese Zeit führt der Jordan soviel Wasser, daß er über die Ufer tritt. In dem Augenblick, als die Priesters den Fuß ins Wasser setzten, staute sich der Fluß oben bei dem Ort Adam in der Nähe von Zaretan, und das Wasser unterhalb der Stauung lief zum Toten Meer ab. So konnte das ganze Volk trockenen Fußes bei Jericho durch den Jordan gehen. Die Priester aber blieben mit der Bundeslade im Flußbett stehen, bis alle sicher auf der anderen Seite angekommen waren. Jos 3,1–3; 14–17

Der Jordan im Frühjahr.

Der Durchzug der Israeliten durch den Jordan wird wie eine gottesdienstliche Handlung geschildert. Das ist eine totale Wundertat Jahwes. Im Grunde ist er es, der in das Land einzieht. Ausdrücklich wird dem Volk geboten, sich zu heiligen. Das Ganze ist ein heiliges Geschehen, und das Volk beteiligt sich so, wie Teilnehmer am Tempelgottesdienst es tun würden.
Josua hat kaum die Nachricht von den Kundschaftern vernommen, wie günstig die Lage jenseits des Jordans für ihn sei, als er auch schon den Aufbruch veranlaßt, das Lager in Schittim wird verlassen und unweit des Jordans aufgeschlagen.
Der Jordan, in einem bis fast 400 Meter unter dem Meeresspiegel hinunterreichenden Tal gelegen und infolge der schnellen Senkung besonders im Frühjahr reißend und über die Ufer tretend, hat nicht, wie die meisten Flüsse sonst, verbindenden, sondern nur trennenden Charakter. Diese Besonderheit kommt auch dadurch zum Ausdruck, daß kein Ort und keine einzige Stadt an ihm liegt. Immerhin ist der Jordan nicht irgendein Fluß. Er ist die Demarkationslinie zwischen den beiden Gebirgstafeln des Ost- und Westjordanlandes. Am dritten Tag beginnt der Durchzug durch den Jordan. Die Priester tragen die Bundeslade vor dem Volk her – also Jahwe zieht durch den Jordan seinem Volk voraus. Sobald die Priester in den Jordan gehen, bleibt das Wasser oberhalb stehen und läuft unterhalb ab. Die Israeliten können also auf dem trokkenen Grund des Jordans hindurchgehen. Wir werden hier unwillkürlich an das Wunder des Durchzugs durch das Schilfmeer unter Mose erinnert. Hier nun soll Josua als Nachfolger Moses legitimiert werden. Auf eine Erklärung der Stauung des Jordans wird verzichtet. Irgendein natürlicher Vorgang würde das Wunder verkleinern.
Das Wasser stand wie ein Wall in weiter Entfernung, bei der Stadt Adam, die in der Nähe von Zaretan liegt. Von einem solchen Ereignis berichtet ein arabischer Schriftsteller 1267 bei Adam, das unweit der Jabbokmündung zu suchen ist. Als Ursache erscheint dort der Einsturz eines Stückes vom Steilufer. Zehn Stunden habe es gedauert, bis der Jordan sich wieder ein Bett gegraben habe. Bei hohem Wasserstand ist das gut vorstellbar.

Die zwölf Gedenksteine

Männer aus den 12 Stämmen Israels tragen die Gedenksteine. Mosaik in S. Maria Maggiore, Rom

Als alle Israeliten den Jordan überquert hatten, sagte der Herr zu Josua: „Wählt zwölf Männer aus, von jedem Stamm einen, und laßt sie zwölf Steine aus dem Jordan holen, von der Stelle, wo die Priester stehen. Sie sollen die Steine mitnehmen und dort niederlegen, wo ihr das Nachtlager aufschlagt."
Josua wählte zwölf Männer aus, für jeden Stamm Israels einen. Er sagte zu ihnen: „Geht vor der Bundeslade des Herrn, eures Gottes, her in den Jordan und nehmt jeder einen Stein auf die Schulter. Wenn später eure Kinder fragen, was diese Steine bedeuten, dann berichtet ihnen, wie das Wasser des Jordans versiegte, als die Bundeslade den Fluß durchquerte. Diese Steine sollen die Israeliten für alle Zukunft daran erinnern."
Die Männer befolgten Josuas Anweisung und holten zwölf Steine aus dem Jordan, für jeden israelitischen Stamm einen, wie der Herr es befohlen hatte. Sie trugen sie bis zum Lagerplatz und legten sie dort nieder. Josua stellte auch mitten im Jordan zwölf Steine auf an der Stelle, wo die Priester mit der Bundeslade haltgemacht hatten. Die Steine sind noch heute dort. Die Priester blieben mit der Bundeslade so lange im Jordan stehen, bis alles ausgeführt war, was der Herr dem Volk durch Josua befohlen hatte. Schon Mose hatte Josua diese Anweisung gegeben. Das Volk ging, so schnell es konnte, durch das trockene Flußbett.

Jos 4,1–10

Als das ganze Volk durch den Jordan gezogen war, sagte Jahwe dem Josua, er möge aus jedem der zwölf Stämme einen Mann aussuchen, die dann zusammen zum Andenken an dieses Ereignis aus dem Jordan zwölf Steine nehmen und auf der Schulter zum nächsten Lager, das ist das Heiligtum in Gigal, tragen und dort aufrichten. Nach einer anderen Überlieferung werden zwölf Steine mitten im Flußbett des Jordans errichtet, die noch heute zu sehen seien. Beide Denkmäler sollen die Erinnerung an die Größe Jahwes unter den Nachkommen Israels wachhalten.
In der Gegend des Durchzugs durch den Jordan wird auch die Stelle verehrt, wo Jesus getauft wurde.

Josua und der Engel

Josua in ehrfürchtiger Haltung vor dem Engel. Mosaik in S. Maria Maggiore, Rom

In der Nähe von Jericho sah Josua plötzlich einen Mann vor sich stehen, der ein gezogenes Schwert in der Hand hielt. Josua ging auf ihn zu und fragte ihn: „Freund oder Feind?"
„Keines von beiden", antwortete der Fremde. „Ich bin der Befehlshaber über das Heer des Herrn. Und jetzt bin ich hier."
Josua warf sich in Ehrfurcht vor ihm nieder und sagte: „Ich bin dein Diener! Was befiehlst du mir, Herr?"
Er sagte zu Josua: „Zieh deine Schuhe aus, denn du stehst auf heiligem Boden!" Josua tat, was er ihm befohlen hatte. Jos 5,13–15

Josua stand bei Jericho, es mag ihm wohl durch den Kopf gegangen sein, wie er die Stadt einnehmen könne. Eigentlich überflüssig, denn er hätte wissen müssen, daß Jahwe mit ihm ist. Da steht plötzlich eine mächtige Gestalt mit gezücktem Schwert vor ihm. Sofort geht er auf die Gestalt zu und fragt: Freund oder Feind? Und schon ist er zum Zweikampf bereit. Doch der Engel antwortet, er sei der Anführer des Heeres des Herrn. Ich bin soeben gekommen, . . ." Hier bricht der Satz ab. Sicherlich soll das folgen, was in 6,2 steht: der Auftrag zum Kampf und die Verheißung des Sieges. Ähnlich wie von Mose bei der Gottesbegegnung beim brennenden Dornbusch am Sinai fordert der Anführer des Heeres des Herrn von Josua: „Zieh deine Schuhe aus; denn der Ort, wo du stehst, ist heilig."

Sechs Tage lang einmal um Jericho

Alle Tore der Stadt Jericho waren fest verriegelt, als die Israeliten heranrückten. Niemand konnte hinein oder heraus. Da sagte der Herr zu Josua: „Jetzt gebe ich Jericho mit seinem König und allen seinen Kriegsleuten in deine Gewalt. Zieh mit allen kriegstüchtigen Männern täglich einmal um die Stadt, sechs Tage lang. Sieben Priester mit Signalhörnern sollen vor der Bundeslade hergehen. Am siebten Tag aber zieht siebenmal um die Stadt, und die Priester sollen dabei die Hörner blasen. Sobald die Männer die Hörner hören, stimmen alle ein lautes Kriegsgeschrei an. Dann wird die Mauer einstürzen, und jeder kann von der Stelle aus, wo er gerade steht, in die Stadt eindringen."
Josua rief die Priester zu sich und sagte zu ihnen: „Nehmt die Bundeslade des Herrn auf eure Schultern. Sieben von euch gehen mit Signalhörnern vor ihr her." Dann befahl er dem Volk: „Auf! Zieht rund um die Stadt! Die erfahrensten Kämpfer gehen der Bundeslade als Vorhut voraus."
So geschah es. Zwischen den ausgewählten Kriegern und der Bundeslade gingen die sieben Priester, die ständig ihre Hörner bliesen. Zum Schluß kam das ganze übrige Heer. Josua hatte den Israeliten befohlen, sich ganz still zu verhalten und erst auf seinen Befehl das Kriegsgeschrei anzustimmen. So ließ er den ganzen Zug mit der Bundeslade des Herrn einmal um die Stadt marschieren. Dann kamen sie ins Lager zurück und blieben die Nacht über dort.
Früh am nächsten Morgen gab Josua wieder den Befehl zum Aufbruch. Die Priester nahmen die Bundeslade auf ihre Schultern. Dann zogen sie los: zuerst die Vorhut, dann die Priester, die ständig ihre Hörner bliesen, hinter ihnen her die Bundeslade und schließlich das übrige Heer. Auch an diesem zweiten Tag marschierten sie einmal rund um die Stadt. So taten sie es sechs Tage lang. Jos 6,1–14

Die Mauern Jerichos fallen.
Mosaik in S. Maria Maggiore, Rom

Soweit uns heute bekannt, ist Jericho die älteste Stadt der Welt. Die ausgegrabenen Fundamente und Mauerreste wurden vor mehr als 6000 Jahren vor Christus gelegt und zeugen von der einzigartigen Stärke dieser Festung. Die Einnahme einer solchen Feste war für die Israeliten, ohne Erfahrung und ohne jegliches Belagerungsgerät, vollkommen ausgeschlossen. Die Tore der Stadt waren fest verschlossen, es gab kein Heraus und kein Hinein. Jericho hatte sich eingeigelt. Hier soll unterstrichen werden, wie schwer die zu lösende Aufgabe für Israel war. Ohne das Eingreifen Jahwes ist an eine Eroberung der Stadt überhaupt nicht zu denken. Josua ist Zuschauer, der Handelnde ist allein Jahwe. Die Kriegsleute betätigen sich nicht als solche, sondern haben den Auftrag, nicht zum Kampf anzutreten, sondern zu einer Prozession um die Stadt. Israel soll sechs Tage lang einmal um die Stadt ziehen, am siebenten Tag aber siebenmal. Dabei ist folgende Marschordnung einzuhalten: Eine Vorhut von Kriegern soll den Anfang machen. Es folgen die Priester mit je einem „schofar" (Widderhorn), das im Krieg als Signalhorn dient. Die Priester sollen immer langgezogene Töne blasen. Hinter den Priestern folgt die Bundeslade, danach kommt das schweigende Volk und am Ende die militärische Nachhut. Den Bewohnern von Jericho muß es unheimlich vorgekommen sein, die schweigende Prozession um ihre Stadt, nur die klagenden, langgezogenen Töne der Hörner.
Schon Rahab hatte zu den Kundschaftern gesagt: „Unser Herz zerschmolz, und jedem stockte euretwegen der Atem."
Sechs Tage lang immer wieder die gleiche Prozession, immer wieder die lähmende Angst der Leute von Jericho in ihrer uneinnehmbaren Stadt!

Am siebenten Tag fallen die Mauern Jerichos

Am siebten Tag brachen sie beim Morgengrauen in derselben Ordnung auf. An diesem Tag zogen sie siebenmal um die Stadt. Beim siebten Mal, als die Priester ihre Hörner an den Mund setzten, befahl Josua den Israeliten: „Jetzt schreit los! Der Herr hat euch die Stadt ausgeliefert. Zerstört sie! Sie steht unter seinem Bann mit allem, was in ihr ist. Kein Mensch und kein Tier darf am Leben bleiben. Nur die Prostituierte Rahab und alle, die in ihrem Haus sind, werden verschont, denn sie hat damals unsere Kundschafter versteckt. Hütet euch, etwas von dem Gebannten für euch selbst zu nehmen, sonst kommt der ganze Bannfluch über das ganze Lager Israels und stürzt euch ins Verderben. Alles Gold und Silber und alle Geräte aus Bronze und Eisen gehören dem Herrn und kommen in die Schatzkammer seines Heiligtums."
Die Priester stießen in ihre Hörner, und als das Volk den Hörnerschall hörte, erhob es ein lautes Kriegsgeschrei. Da stürzte die ganze Mauer zusammen, und die Israeliten drangen von allen Seiten in die Stadt ein und eroberten sie. Sie töteten nach dem Befehl des Herrn alles, was in der Stadt lebte, mit dem Schwert: Männer und Frauen, Kinder und Alte, Rinder, Schafe und Esel.
Den beiden Kundschaftern aber hatte Josua den Auftrag gegeben: „Geht in das Haus der Prostituierten und holt sie mit allen ihren Angehörigen heraus, wie ihr es geschworen habt!" Sie holten Rahab, ihre Eltern, Geschwister und alle Hausgenossen, ihre ganze Verwandtschaft, und brachten sie in der Nähe des israelitischen Lagers in Sicherheit. Jos 6,15–23

Ausgrabungen der Mauern des alten Jericho, rechts oben Torso des ältesten Turmes der Welt.

Am siebenten Tag beginnt die Prozession um die Stadt bereits in aller Frühe, denn sie soll siebenmal umschritten werden. Auf ein Zeichen Josuas erhob das ganze Volk Israel ein furchtbares Kriegsgeschrei. Die Stadtmauer von Jericho stürzte in sich zusammen, und das Volk stieg in die Stadt hinein, jeder an der Stelle, an der er sich gerade befand.
Wodurch stürzte die Mauer ein? Durch das Eingreifen des Engels? Durch ein Erdbeben? Doch das Wie interessierte die Juden im Augenblick nicht. Jahwe hatte die Stadt in ihre Hand gegeben, und nun war es an ihnen, das zu vollziehen, was ihnen Josua befohlen hatte: „Die Stadt mit allem, was in ihr ist, soll zu Ehren des Herrn dem Untergang geweiht sein. Nur die Dirne Rahab und alle, die bei ihr im Haus sind, sollen am Leben bleiben." Und weiter gebietet Josua dem Volk: „Hütet euch davor, von dem, was dem Untergang geweiht ist, etwas zu begehren und wegzunehmen; sonst weiht ihr das Lager Israels dem Untergang und stürzt es ins Unglück. Alles Gold und Silber und die Geräte aus Bronze und Eisen sollen dem Herrn geweiht sein und in den Schatz des Herrn kommen."
Mit scharfem Schwert weihten sie alles, was in der Stadt war, dem Untergang: Männer und Frauen, Kinder und Greise, Rinder, Schafe und Esel.
Das uneinnehmbare Jericho lag nun in Schutt und Asche und kündete die Großtat Jahwes.

Alt-Jericho: eine Trümmerstätte bis heute

Luftaufnahme des alten Jericho. (Ausgrabungen)

Dann brannten die Israeliten die ganze Stadt nieder. Nur das Gold und das Silber und die Gefäße aus Bronze und Eisen kamen in die Schatzkammer beim Heiligtum des Herrn. Die Prostituierte Rahab und alle ihre Angehörigen verschonte Josua zum Dank dafür, daß sie die Kundschafter versteckt hatte. Ihre Nachkommen leben noch heute unter den Israeliten.
Damals sprach Josua die Warnung aus: „Wer versucht, die Stadt Jericho wieder aufzubauen, den trifft der Fluch des Herrn. Wenn er die Fundamente legt, kostet es ihn seinen erstgeborenen Sohn. Wenn er die Tore einsetzt, kostet es ihn seinen Jüngsten." Der Herr stand Josua bei, und sein Ruhm verbreitete sich im ganzen Land.
Jos 6,24–27

Gemäß dem Eid der Kundschafter wurde „nur das Haus Rahabs an der Stadtmauer verschont". Sie und ihre Familie bekamen einen Platz außerhalb des Lagers der Israeliten, wohl damit durch die Heiden keine Verunreinigung erfolgt.
Die Einnahme Jerichos schließt mit der Verfluchung des Mannes, der es wagen würde, Jericho wieder aufzubauen. Fast 400 Jahre, bis in Ahabs Regierungszeit, blieb Jericho unbewohnt. Hiel baute Jericho wieder auf und bekam den Fluch Josuas zu spüren. In 1 Kö 16,34 lesen wir: „In seinen Tagen baute Hiel aus Bet-El Jericho wieder auf. Um den Preis seines Erstgeborenen Abiram legte er die Fundamente, um den Preis seines jüngsten Sohnes Segub setzte er die Tore ein, wie es der Herr durch Josua, den Sohn Nuns, vorausgesagt hatte."

Eroberung und Vernichtung von Ai

Heute ist Ai eine Ruine.

Nun sagte der Herr zu Josua: „Richte dein Schwert gegen Ai! Ich gebe die Stadt in deine Gewalt." Josua tat es, und sobald er seine Hand ausstreckte, kamen die Israeliten aus dem Hinterhalt, liefen in die Stadt, besetzten sie und steckten sie sofort in Brand.
Als die Männer von Ai zurückblickten, sahen sie Rauch von ihrer Stadt aufsteigen. Da wußten sie, daß sie verloren waren. Sobald Josua und die Israeliten, die bisher geflohen waren, erkannten, daß die Stadt eingenommen war, machten sie kehrt und griffen die Männer von Ai an. Diese waren nun auf beiden Seiten eingeschlossen, und keiner von ihnen kam mit dem Leben davon. Nur den König von Ai nahmen die Männer Israels gefangen und brachten ihn zu Josua.
Als die Israeliten alle Männer von Ai, die ihnen nachgejagt waren, erschlagen hatten, zogen sie in die Stadt und töteten die Zurückgebliebenen. So kamen an diesem Tag alle Einwohner von Ai ums Leben, 12.000 Männer und Frauen. Josua hielt seine Hand mit dem Schwert so lange ausgestreckt, bis der Bann an allen vollstreckt war. Das Vieh und das sonstige Beutegut aus der Stadt aber behielten die Israeliten für sich, wie der Herr es durch Josua angeordnet hatte.
Josua brannte Ai nieder und ließ es in Schutt und Asche zurück. So liegt es noch heute da. Den König von Ai ließ er an einem Baum aufhängen. Bei Sonnenuntergang befahl er, den Leichnam abzunehmen und neben das Stadttor zu werfen. Die Israeliten errichteten einen großen Steinhaufen darüber, der noch heute zu sehen ist. Jos 8,18–29

Die Eroberung Kanaans durch Josua geht weiter. Josua schickt von Jericho einige Männer nach Ai, östlich von Bet-El, um die Stadt zu erkunden. Ai heißt Trümmerstätte, weil es schon einmal erobert wurde. Die Kundschafter kommen zu Josua zurück und berichten, daß es eine Leichtigkeit sei, Ai zu besiegen, es brauche nicht einmal das ganze Volk hinaufzuziehen, 3000 Mann würden genügen. Doch sie werden geschlagen und müssen 36 Tote zurücklassen. Das ist ein Zeichen, daß Jahwe sich von seinem Volk abgewandt hat. Josua und die Ältesten werfen sich vor die Lade des Herrn nieder, um zu Jahwe zu beten. Jahwe antwortet Josua: Israel hat sich versündigt und von der Beute in Jericho gestohlen, die ausschließlich Jahwe gehört. Durch das Los wird der Schuldige gefunden. Achan gesteht seinen Diebstahl, einen kostbaren Mantel, Barren von 200 Lot Silber und 50 Lot Gold genommen und in seinem Zelt vergraben zu haben. Darauf steht die Todesstrafe, er und seine Familie werden im Tal Achor gesteinigt. Das geraubte Gut wird dem Heiligtum Jahwes übergeben.
Nun ist der Weg nach Ai frei. Auf göttliche Weisung hin wendet Josua die Taktik des Hinterhalts und der scheinbaren Flucht an, um den Gegner aus der Stadt Ai herauszulocken. Die Niederlage der Bewohner Ais ist komplett, alle kommen ums Leben, 12.000 Männer und Frauen. Josua hielt sein Schwert solange ausgestreckt, bis der Bann an allen vollstreckt war. Wir werden hier erinnert an den Stab Moses und seine erhobenen Arme beim Kampf gegen die Amalekiter.
Die Stadt Ai wird zu einem Schutthaufen für immer. Der König von Ai wurde an einem Baum erhängt und abends vor das Tor der Stadt geworfen.

Die Gibeoniter bitten Josua um Hilfe

Die Gibeoniter bitten Josua um Hilfe.
Mosaik in S. Maria Maggiore, Rom

Josua hatte die Stadt Ai eingenommen und an ihr wie an Jericho den Bann vollstreckt. Die Stadt wurde niedergebrannt, und der König und alle Einwohner wurden getötet. Daraufhin hatten die Leute von Gibeon mit den Israeliten Frieden geschlossen und erreicht, daß sie mitten im israelitischen Gebiet wohnen bleiben konnten. Als der König Adoni-Zedek von Jerusalem das alles erfuhr, brach unter seinen Leuten große Angst aus. Denn Gibeon war nicht kleiner als die meisten Städte, die von einem König regiert wurden, und es war sogar größer als Ai. Außerdem waren die Männer von Gibeon als tapfere Kämpfer bekannt.
Deshalb schickte der König von Jerusalem Boten zu den Nachbarkönigen Hoham von Hebron, Piram von Jarmut, Jafia von Lachisch und Debir von Eglon und forderte sie auf: „Kommt und helft mir! Wir wollen die Leute von Gibeon dafür bestrafen, daß sie mit den Israeliten Frieden geschlossen haben." So zogen die fünf Könige mit ihrer gesamten Heeresmacht vor Gibeon und griffen die Stadt an.
Da schickten die Leute von Gibeon Boten ins Lager der Israeliten bei Gilgal und baten Josua: „Laß uns nicht im Stich! Wir haben uns dir unterworfen und uns unter deinen Schutz gestellt. Komm uns schnell zu Hilfe und rette uns! Alle Könige der Amoriter hier oben im Bergland haben sich gegen uns zusammengetan und greifen uns an!"
Josua rief alle kriegstüchtigen Männer Israels zusammen und brach mit dem ganzen Heer von Gilgal auf. Der Herr sagte zu ihm: „Hab keine Angst vor ihnen! Ich habe sie alle in deine Gewalt gegeben. Keiner wird sich gegen dich behaupten können." Jos 10,1–8

Schnell hatte sich herumgesprochen, was mit Jericho und Ai geschehen war. Die Leute von Gibeon fürchteten, es werde sie das gleiche Schicksal ereilen wie die Bewohner von Ai. Deshalb wandten sie eine List an und verstellten sich als Gesandte eines weit entfernt wohnenden Stammes und baten Josua um einen Nichtangriffspakt. Ohne Jahwe zu befragen, fielen die Israeliten darauf herein und schlossen den Vertrag. Bald aber kam es heraus, daß sie „mitten unter ihnen wohnten" und daß sie gelogen hatten. Zur Strafe wurden sie zu Sklaven für die Israeliten, nämlich zu Holzhauern und Wasserträgern für das Heiligtum in Gigal. Später galt diese Degradierung für die Leute von Gibeon auch für den Tempel in Jerusalem.
Als der König von Jerusalem, Adoni-Zadek, davon erfuhr, brach unter seinen Leuten große Angst aus. Denn Gibeon war größer als Ai, und die Männer von Gibeon waren als gute Kämpfer bekannt. Deshalb schickte der König von Jerusalem an die Nachbarkönige Boten zu Hoham und Hebron, Piram von Jarmut, Jafia von Lachisch und Debir von Eglon. So zogen fünf Könige mit ihren Heeren vor Gibeon und griffen die Stadt an. Da schickten die Leute von Gibeon Boten zu Josua und baten ihn um Hilfe gegen die „Amoriter" (Sammelname für die Ureinwohner). Josua brach sofort auf, nachdem Jahwe ihm gesagt hatte, er brauche keine Angst zu haben, alle seien sie in seiner Gewalt, keiner werde sich gegen ihn behaupten können.

Jahwe verhilft den Israeliten zum Sieg

Josua marschierte mit seinen Männern die ganze Nacht hindurch, und so kam sein Angriff für die Amoriter völlig überraschend. Der Herr versetzte sie beim Anblick des israelitischen Heeres in einen solchen Schrecken, daß sie nur noch an Flucht dachten. Die Israeliten brachten ihnen eine vernichtende Niederlage bei und verfolgten sie bis zur Steige von Bet-Horon und noch weiter bis nach Aseka und Makkeda. Als die Amoriter gerade die Steige von Bet-Horon hinabflohen, ließ der Herr riesige Hagelkörner auf sie fallen. Durch sie kamen mehr Amoriter ums Leben als durch die Schwerter der Israeliten.

Damals, als der Herr die Amoriter den Israeliten auslieferte, betete Josua zum Herrn und rief vor allen Israeliten:
„Sonne, steh still über Gibeon,
du Mond, überm Tal von Ajalon!"
Und die Sonne stand still,
auch der Mond blieb stehn;
die Feinde Israels mußten untergehn.
Diese Verse stehen im Buch der Heldengedichte. Fast einen Tag lang blieb die Sonne hoch am Himmel stehen und bewegte sich nicht von der Stelle. Weder vorher noch nachher hat der Herr jemals auf das Gebet eines Menschen hin so etwas getan. Der Herr selbst kämpfte auf der Seite der Israeliten.
Als der Sieg errungen war, kehrte Josua mit dem ganzen Heer ins Lager bei Gilgal zurück.
Josua und seine Leute brachten den Amoritern eine vernichtende Niederlage bei; nur einige wenige konnten sich in die befestigten Städte retten. Alle Männer Israels kamen unversehrt zu Josua ins Lager bei Makkeda zurück. Niemand im ganzen Land wagte mehr, gegen einen Israeliten auch nur den Mund aufzumachen. Jos 10,9–15, 20–21

An der Steige von Bet-Horon ließ Jahwe mächtige Hagelkörner auf die Amoniter fallen.
Mosaik in S. Maria Maggiore, Rom

Josua zog unbemerkt in der Nacht heran und überraschte die Belagerer durch einen Rückenangriff, löste eine große Panik unter den Belagerern aus und schlug sie in die Flucht. Josua und seine Männer verfolgten die fliehenden Amoriter, und bei der Steige von Bet-Horon ließ Jahwe große Hagelkörner auf die Fliehenden fallen, so daß mehr dadurch umkamen als durch das Schwert. Und nochmals greift Jahwe ein, um den Sieg und die Verfolgung ganz ausnützen zu können. Jahwe verlängerte den Tag, nachdem Josua zu Jahwe gebetet hatte: „Sonne, steh still über Gibeon . . ." Die Sonne blieb fast einen Tag stehen und bewegte sich nicht. Nach dem Sieg kehrte Josua mit seinen Männern in das Lager bei Gigal zurück.
Nachdem die Könige des Südens von Kanaan getötet waren, wurden auch ihre Städte von den Israeliten eingenommen, nämlich Makkeda, Libna, Lachisch, Eglon, Hebron und Debir. Das ist das spätere Staatsgebiet Juda. Nun ist der ganze Südteil Kanaans von Kadesch bis Gaza, von Goschen bis Gibeon bereits in der Hand Israels – nur nicht Jerusalem. Jahwe hat das Land bereits in seinem Besitz, er streitet für Israel, das Volk Israel braucht nur Glaubensgehorsam und Einsatzbereitschaft.
Deshalb sollte man wohl mehr von einer Landgabe als von der Landnahme sprechen.

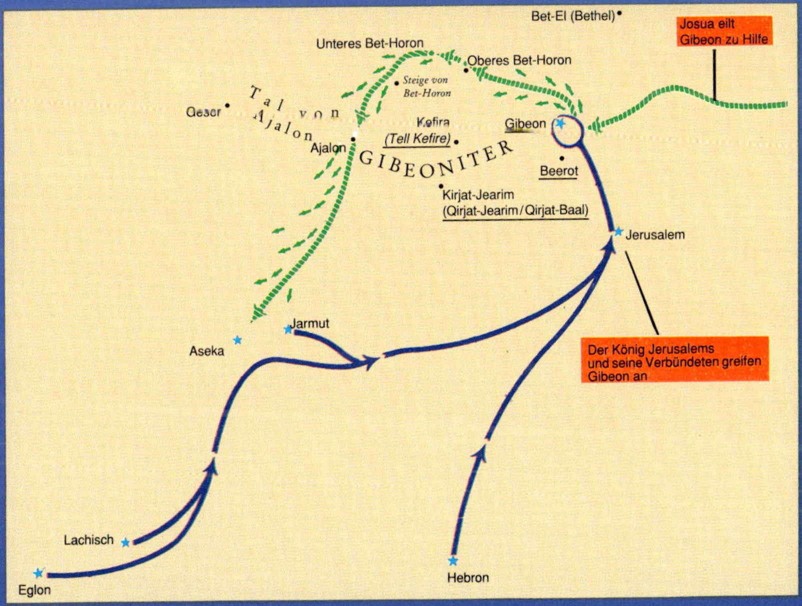
Bet-El (Bethel)
Josua eilt Gibeon zu Hilfe
Unteres Bet-Horon
Oberes Bet-Horon
Steige von Bet-Horon
Tal von Ajalon
Geser
Kefira
(Tell Kefire)
Gibeon
Ajalon
GIBEONITER
Beerot
Kirjat-Jearim
(Qirjat-Jearim/Qirjat-Baal)
Jerusalem
Jarmut
Aseka
Der König Jerusalems und seine Verbündeten greifen Gibeon an
Lachisch
Eglon
Hebron

Der Norden Kanaans wird erobert

Josua bei der Eroberung der Stadt Hazor. Mosaik in S. Maria Maggiore, Rom

Als König Jabin von Hazor von den Siegen der Israeliten erfuhr, rief er alle benachbarten Könige zu einem gemeinsamen Kriegszug zusammen: den König Jobab von Madon, die Könige von Schimron und Achschaf und die übrigen Könige im nördlichen Bergland, in der Ebene vom See Gennesaret, im westlichen Hügelland und im Küstengebiet von Dor. Außerdem schickte er Boten zu den Kanaanitern östlich und westlich des Gebirges und zu den Amoritern, Hetitern, Perisitern und Jebusitern im Bergland selbst sowie zu den Hiwitern am Fuß des Hermongebirges im Gebiet von Mizpe.

Sie vereinigten ihre Truppen gegen Israel und schlugen bei den Quellen von Merom ihr gemeinsames Lager auf. Der Herr aber sagte zu Josua: „Fürchte dich nicht vor ihnen! Morgen um diese Zeit werdet ihr sie alle erschlagen haben. Dafür sorge ich."

Josua machte mit allen seinen Männern einen Überraschungsangriff auf das Lager der Feinde, und der Herr gab sie in die Gewalt der Israeliten. Nach dem Befehl des Herrn ließ Josua die Fußsehnen der Pferde durchschneiden und die Streitwagen verbrennen.

Dann kehrte Josua um und eroberte die Stadt Hazor, die damals alle Städte in dieser Gegend samt ihren Königen beherrschte. Er erschlug ihren König, und die Männer Israels vollstreckten an allen Einwohnern den Bann. Niemand blieb am Leben; die Stadt wurde verbrannt.

Josua eroberte das ganze Land, wie der Herr es Mose angekündigt hatte. Er gab es den Isrealiten als Besitz und teilte jedem Stamm sein Gebiet zu. Die Israeliten lebten nun in Ruhe und Frieden.

Jos 11,1–3; 5–6a; 7–8a; 9–11; 23

Eigenartigerweise wird uns bei Josua nichts von einer Landnahme des mittleren Kanaan berichtet. Nach der Eroberung des Südens berichtet das Alte Testament gleich vom Kampf gegen die Städte im Norden. König Jabin ist der Führer des Städtebündnisses im Norden, und er führt die vereinigten kanaanäischen Königreiche an. Die Schlacht findet bei den Wassern von Merom statt. Es liegt etwa 20 Kilometer nordwestlich von der Nordspitze des Sees Gennesaret. Von den eroberten Städten wird nur Hazor genannt. Auf Geheiß Jahwes werden den Pferden die Fußsehnen durchschnitten und die Kampfwagen verbrannt.

Nach der Eroberung des Landes folgt die Verteilung an die einzelnen Stämme.

Der Landtag zu Sichem

Josua rief alle Stämme Israels zu einer Versammlung nach Sichem. Er ließ alle Ältesten, Anführer, Richter und Aufseher kommen, und sie stellten sich beim Heiligtum auf. Dort sagte Josua zu ihnen:
„Der Herr, der Gott Israels, läßt euch sagen: ‚Vor langer Zeit wohnten eure Vorfahren auf der anderen Seite des Eufratstroms und verehrten fremde Götter. Das ging so bis Terach, dem Vater Abrahams und Nahors. Aber dann holte ich euren Stammvater Abraham aus dem Land jenseits des Eufrats und ließ ihn durch das ganze Land Kanaan ziehen. Ich gab ihm seinen Sohn Isaak. Isaak aber gab ich zwei Söhne: Jakob und Esau. Esau wies ich das Bergland Seïr als Besitz an: Jakob und seine Söhne wanderten später nach Ägypten aus. Zu ihren Nachkommen schickte ich Mose und Aaron und ließ über Ägypten schweres Unheil kommen. Ich führte sie aus Ägypten heraus und brachte sie bis ans Schilfmeer. Als die Ägypter mit ihren Streitwagen hinter ihnen herjagten, schrien sie in ihrer Not zu mir um Hilfe. Da ließ ich zwischen ihnen und den Ägyptern eine undurchdringliche Finsternis entstehen, und schließlich ließ ich die Wellen des Meeres über den Ägyptern zusammenschlagen, so daß sie ertranken. Ihr wißt alle genau, wie ich die Ägypter meine Macht spüren ließ.
Dann seid ihr viele Jahre lang in der Wüste umhergezogen, bis ich euch in das Land der Amoriter östlich des Jordans brachte. Sie leisteten euch Widerstand, aber ich gab sie in eure Gewalt. Ich gab sie dem Untergang preis, und ihr konntet ihr Land in Besitz nehmen. Auch Balak, der König der Moabiter, stellte sich euch in den Weg. Er ließ Bileam holen, damit er euch verfluchen sollte. Aber ich erlaubte Bileam nicht, euch zu schaden. Gegen seinen Willen mußte er euch segnen, und so rettete ich euch vor den Anschlägen König Balaks.
Dann habt ihr den Jordan überschritten und seid bis vor Jericho gekommen. Auch die Einwohner Jerichos kämpften gegen euch, aber ich half euch, so daß ihr sie besiegen konntet, und ebenso alle anderen Einwohner des Landes, die Amoriter, Perisiter, Kanaaniter, Hetiter, Girgaschiter, Hiwiter und Jebusiter. Ich jagte ihnen einen panischen Schrecken ein und vertrieb sie vor euch, genau wie die beiden Amoriterkönige auf der anderen Seite des Jordans. Jos. 24,1–13

Der Landtag von Sichem ist die feierliche Krönung und der Abschluß der Landnahme Israels im Lande Kanaan. Josua ruft dazu alle Stämme seines Volkes nach Sichem zusammen. Auf Geheiß Jahwes läßt Josua nochmals die Großtaten des Herrn in der Geschichte des Volkes, angefangen von der Berufung Abrahams bis zum Tag von Sichem, Revue passieren. Immer war Jahwe auf der Seite seines Volkes; alle, die sich widersetzten, gab Jahwe dem Untergang preis. Heute, an diesem Tag, findet nun der feierliche Abschluß der Einwanderung statt.
Josua stellt das Volk vor die freie Wahl, entweder Jahwe oder einem andern Gott zu dienen, er und sein Haus wollen allein Jahwe dienen. Allerdings sei das nicht leicht, denn Jahwe ist ein heiliger und eifernder Gott. Trotzdem – er schließt mit Jahwe den Bund, und man will ihm allein dienen.

Großes Meer
ISRAEL
ASSER
NAPHTALI
ZEBULON
MANASSE
EPHRAIM
BENJAMIN
JUDA
PHILISTER
Gilead
AMMON
MOAB
Tafelland
Bergland von Baschan
„ZELTDÖRFER JAÏRS"
Totes Meer
See Gennesareth (Genezareth)
Jordan
Karmel
Kana
Zor (Ṣūr [Tyros])
Ahlab
Hosa
Kana
Hammon
Abdon
Achsib
Akko
Bet-Emek
Rehob
Nëiël
Kabul
Aphek
Ijon
Abel Bet-Maacha
Lajisch (Dan)
Bet-Anat
Qedesch
Jiron
Bet Schemesch
Rama
Kinneret
Heef
Jabneel
Aschtarot
Edrei
Helkat
Jokneam
Sarid
Japhia
Dor
Schunem
Megiddo
Jarmut
Lo-Debar
Taanach
Bet-Schean
Jibleam
Hefer
Tirza
Zafon (Safon/Zaphon)
Sichem
Sukkot
Michmetat
Taanat-Schilo
Janoach
Ramat-Mizpa
Tappuach
Schilo
Bet-El (Bethel)
Rabba der Ammoniter
Unteres Bet-Horon
Schaalbim
Geser
Ajalon
Jericho
Kirjat-Jearim
Jebus (Jerusalem)
Bet-Hogla
Aschdod
Ekron
Bet-Schemesch
Gat
Hebron
Kir-Moab
Stammesgrenze
Landesgrenze zur Zeit Davids

Josuas Tod

Einige Zeit danach starb Josua, der Sohn Nuns, der Diener des Herrn. Er war 110 Jahre alt geworden. Man begrub ihn auf seinem Erbbesitz in Timnat-Serach, das nördlich des Berges Gaasch im Bergland von Efraïm liegt. Die Israeliten blieben auch nach Josuas Tod dem Herrn treu, solange noch die Ältesten lebten, die alles miterlebt hatten, was der Herr für Israel getan hatte.
Die Gebeine Josefs, die die Israeliten aus Ägypten mitgebracht hatten, begrub man in Sichem auf dem Stück Land, das Jakob von den Söhnen Hamors (Hamor ist der Vater Sichems) für 100 große Silberstücke gekauft hatte und das zum Erbbesitz der Josefsstämme zählt. Als auch Aarons Sohn Eleasar starb, begrub man ihn in Gibea, einer Stadt im Bergland von Efraïm, die seinem Sohn Pinhas als Wohnsitz zugeteilt worden war.

Jos 24,29–33

Josua, der Sohn Nuns, war 110 Jahre alt geworden und starb. Josua war nicht nur Diener des Mose, sondern, wie es im Text ausdrücklich heißt: Diener des Herrn – ebed jahwe. Neben Mose ist er eine Gestalt der Heilsgeschichte. Er wurde auf dem Erbbesitz der Familie in Timmat Serach nördlich des Berges Gaasch im Bergland von Efraim beigesetzt.
Josefs Grab befindet sich bis heute in Sichem. Eleasar, der Sohn Aarons, wurde in Gibea beigesetzt. (Siehe Karte auf der nächsten Seite.)

Neben den „großen Richtern", die Israel aus Feindeshand befreiten, erwähnt das Buch der Richter auch mehrere „kleine Richter" (Richt. 10,1–5; 12,8–15), die das Volk von ihren Geburtsorten aus richteten.

Das Buch der Richter

Die Zeit: etwa 1200 bis 1000 vor Christus

Das Buch der Richter hat seinen Namen von den Richtern, die in der Zeit nach der Landnahme Israels wichtige Leitungsaufgaben erfüllten und einzelne Stammesgruppen aus der Bedrängnis durch Feinde retteten. Zu den Leitungsaufgaben gehörte vor allem auch die Rechtsprechung.
Voraus geht eine Einleitung, die an das Buch Josua anknüpft; sie bietet eine knappe Beschreibung der Landnahme durch die einzelnen Stämme und leitet mit einer allgemeinen Charakterisierung der Richterzeit zu den Richtererzählungen über.

Die Zeit zwischen Josua und Samuel war nach dem Bild, welches das Richterbuch zeichnet, eine Periode, in der sich Israel im Land Kanaan, meist gegen Feinde von außen, behaupten mußte. Das gelang dem Volk nicht aus eigener Kraft, sondern nur mit Gottes Hilfe. Das Verhältnis Israels zu seinem Gott entschied auch darüber, ob Israel ruhig in seinem Land wohnen konnte.

Der Geschichtsverlauf wird nach folgenden Leitgedanken beurteilt:
Jahwe allein verehren; auf seine Stimme hören; seine Gebote befolgen; nicht anderen Göttern nachlaufen.
So entsteht folgendes Schema:
Abfall von Gott, Strafe, Hilferuf, Umkehr, Rettung, Wohlergehen und Frieden, solange das Volk auf die Richter hört und Jahwe die Treue hält.

Der Ungehorsam der Israeliten nach dem Tod Josuas

Die Götzenbilder von Baal (links) und Astarte (rechts). (Universität in Haifa)

Schließlich war diese ganze Generation gestorben, und die neue Generation vergaß den Herrn und alles, was er für Israel getan hatte. Die Israeliten taten, was dem Herrn mißfiel: Sie verließen den Gott ihrer Vorfahren, der sie aus Ägypten herausgeführt hatte, und folgten fremden Göttern. Sie fingen an, die Götter ihrer Nachbarvölker anzubeten und beleidigten damit den Herrn. Weil sie an seiner Stelle den Gott Baal und die Göttin Astarte verehrten, wurde der Herr zornig auf sie. Er ließ immer wieder räuberische Beduinen über sie herfallen, die sie ausplünderten. Er gab sie auch den feindlichen Nachbarvölkern preis. Jedesmal, wenn sie in den Kampf zogen, ließ er sie unterliegen, wie er ihnen das angedroht hatte. So gerieten sie in schwere Bedrängnis.
Immer wieder berief der Herr bedeutende Männer, die Richter, die die Israeliten aus der Gewalt der plündernden Nachbarstämme befreiten. Aber selbst auf ihre Richter hörten sie nicht.
Die Israeliten lebten also mitten unter den Kanaanitern, Hetitern, Amoritern, Perisitern, Hiwitern und Jebusitern. Sie verbanden sich mit ihnen durch gegenseitige Heirat und verehrten ihre Götter.

Ri 2,10–17a; 3,5–6

Das Richterbuch handelt über die Zeit zwischen der Landnahme und der Staatwerdung Israels, zwischen Josua und Samuel. Es schildert die Zersplitterung im Innern und die daraus resultierende Not des Volkes. Not und Unterdrückung lösen einander immer wieder ab, besonders dann, wenn das Volk Jahwe vergißt und den Göttern der Nachbarvölker nachläuft. Der Ablauf folgt einem festgefügten Schema: Abfall von Jahwe – Strafe dafür durch feindliche Unterdrückung – das Volk schreit in seiner Not zu Jahwe um Hilfe – Rettung durch einen Helden, den Jahwe schickt – längere Ruhezeit. Dann beginnt der Ablauf von neuem.
So schematisch der Ablauf der Geschichte ist, so schematisch sind auch die Zahlen: Zwischen dem Auszug aus Ägypten und dem Tempelbau, nämlich 12 mal 40 Jahre = 480 Jahre. Die Zeit der Richter in Israel beträgt 7 mal 40 Jahre, von diesen 280 Jahren sind 220 Ruhejahre und 60 Notjahre.
Die runde Zahl 40 ist die des Orients. Sie begegnet uns bereits bei Isaak, bei Mose und der 40jährigen Wanderung durch die Wüste. Sie hat starke symbolische Bedeutung.
Nach den zwölf Stämmen Israels sollen es auch 12 Richter gewesen sein. Wir sprechen von sechs großen Richtern: Ehud, Debora und Barak, Gideon, Abimelech, Jiftach, Simson, Otniel; und von sechs kleinen Richtern: Schamgar, Tola, Jair, Izban, Elon und Abdon. Nach unserem heutigen Verständnis war nur Debora eigentliche Richterin, vielleicht noch einige der kleinen. Die großen Richter waren mehr Retter aus der Not, sie retteten Israel heldenhaft vor den Feinden. Hauptsächlich hatten die Richter dafür zu sorgen, daß Jahwe in seinem eigenen Volk zu seinem Recht kam. So verbanden die Richter Charisma und Amt zu einer Einheit. Sie waren gleichsam die Vorläufer der Könige.

Die Prophetin Debora übt das Richteramt aus

Nach Ehud trat Schamgar, der Sohn Anats, auf. Er erschlug 600 Philister mit einem Ochsenstachel. So rettete auch er die Israeliten vor ihren Feinden.
Nachdem Ehud gestorben war, taten die Israeliten von neuem, was dem Herrn mißfiel. Da gab er sie in die Gewalt Jabins, des Königs der Kanaaiterstadt Hazor. Dessen Heerführer Sisera hatte sein Hauptquartier in Haroschet-Gojim. Jabin besaß 900 eiserne Streitwagen. Zwanzig Jahre lang unterdrückte er die Israeliten hart. Deshalb riefen sie zum Herrn um Hilfe.
Damals übte eine Prophetin namens Debora, die Frau Lappidots, das Richteramt in Israel aus. Unter der nach ihr benannten Palme zwischen Rama und Bet-El im Bergland von Efraïm entschied sie Rechtsfälle, die die Israeliten ihr vorlegten. Diese Frau bestellte eines Tages Barak zu sich, den Sohn Abinoams aus Kedesch im Gebiet des Stammes Naftali. Sie sagte zu ihm: „Der Herr, der Gott Israels, gibt dir den Auftrag: ‚Nimm 10.000 Mann aus den Stämmen Naftali und Sebulon und zieh mit ihnen auf den Berg Tabor. Ich werde Jabins Heerführer Sisera mit seinen Streitwagen und seinem ganzen Heer an den Bach Kischon locken und dir dort den Sieg über ihn geben.'"
Barak sagte zu Debora: „Ich gehe nur, wenn du mitkommst! Ohne dich wage ich es nicht."
„Gut", erwiderte Debora, „ich komme mit. Aber der Ruhm für diesen Sieg wird dann nicht dir zufallen, sondern mir. Der Herr wird Sisera mit seinem ganzen Heer einer Frau ausliefern!"

Ri 3,31; 4,1–9a

Debora bekleidet das feste Amt einer Richterin, das hier klar umrissen wird. Es ist ein wirklich richterliches Amt, in dessen Rahmen in aller Form um Rechtsentscheidungen nachgesucht und erteilt wird. Wenn Debora bei der „Deborapalme" Recht spricht, so wird damit ein besonderer, ja heiliger Baum bezeichnet. Der Ruf der Richterin Debora ist weit über das Gebirge Ephraim bekannt. Sie war als prophetische Frau und Trägerin des Richteramtes eine Autorität, die bis in den Norden Israels gereicht haben mag.
Hier nun erscheint wieder König Jabin von Hazor, der aber schon von Josua bei der Landnahme besiegt wurde. Es muß wohl ein anderer Fürst in Kanaan sein, der Israel schon zwanzig Jahre durch seinen Heerführer Sisera unterdrückt. Debora läßt Barak zu sich kommen, er ist der Sohn Abinoams aus Kadesch im Gebiet des Stammes Naftali. Sie unterbreitet ihm den Wunsch Jahwes, gegen die Streitwagenarmee Siseras einen Kriegszug zu unternehmen. Er soll sich auf Geheiß Jahwes zehntausend Mann aus den Stämmen Naftali und Sebulon nehmen und mit ihnen zum Berg Tabor ziehen. Durch einen Überraschungsangriff soll er vom Tabor herunter Sisera mit seinen Streitwagen und seinem Heer am Bach Kischon schlagen. Barak ist einverstanden, wenn Debora mit in den Kampf zieht. Debora zieht mit, denn Jahwe wird Sisera mit seinem Heer und seinen Streitwagen einer Frau ausliefern.

Barak siegt mit Debora

So ging Debora mit Barak nach Kedesch. Dorthin berief Barak die Männer der Stämme Naftali und Sebulon. Zehntausend folgten ihm auf den Berg Tabor, und Debora begleitete sie.

Man meldete Sisera, daß Barak auf dem Berg Tabor ein Heer zusammengezogen habe. Sofort rief er seine 900 Streitwagen und alle seine Kriegsleute zusammen und zog von Haroschet an den Bach Kischon. Als er dort angekommen war, sagte Debora zu Barak: „Schlag los! Heute hat der Herr dir Sisera und sein ganzes Heer ausgeliefert. Ich sehe, wie er selbst vor dir her in die Schlacht zieht!" Da stürmte Barak mit seinen 10.000 Mann vom Berg Tabor ins Tal hinunter. Als sie mit gezücktem Schwert auf die Kanaaniter einstürmten, versetzte der Herr den feindlichen Heerführer und sein ganzes Heer in Angst und Schrecken. Sisera sprang von seinem Wagen und floh zu Fuß.

Barak verfolgte die Streitwagen Siseras und seine Soldaten bis nach Haroschet-Gojim. Das ganze Heer wurde vernichtet; kein einziger entkam.

Sisera flüchtete sich zum Zelt Jaëls, der Frau des Keniters Heber; denn die Sippe Heber unterhielt freundschaftliche Beziehungen zu Jabin. Jaël ging Sisera entgegen und sagte: „Komm herein, mein Herr, kehre bei mir ein! Du brauchst nichts zu fürchten." Er trat in ihr Zelt, und sie führte ihn hinter den Vorhang.

„Gib mir doch ein wenig Wasser", bat er, „ich bin so durstig." Sie holte den Schlauch mit Milch, gab ihm zu trinken und zog den Vorhang vor. „Stell dich an den Eingang des Zeltes", sagte er. „Wenn jemand kommt und dich fragt, ob einer hier ist, dann antworte: ‚Nein, niemand!'"

Jaël aber nahm einen Zeltpflock und einen Hammer und trat leise an Sisera heran. Er lag auf der Seite und war vor Erschöpfung in tiefen Schlaf gefallen. Sie trieb den Pflock durch beide Schläfen hindurch bis in die Erde.

Da kam auch schon Barak, der hinter Sisera her war. Jaël ging ihm entgegen und sagte: „Komm mit, ich will dir den Mann zeigen, den du suchst!" Barak ging mit ihr ins Zelt und fand Sisera tot auf der Erde liegen, den Kopf mit dem Pflock durchbohrt.

Ri 4,9b–10; 12–22

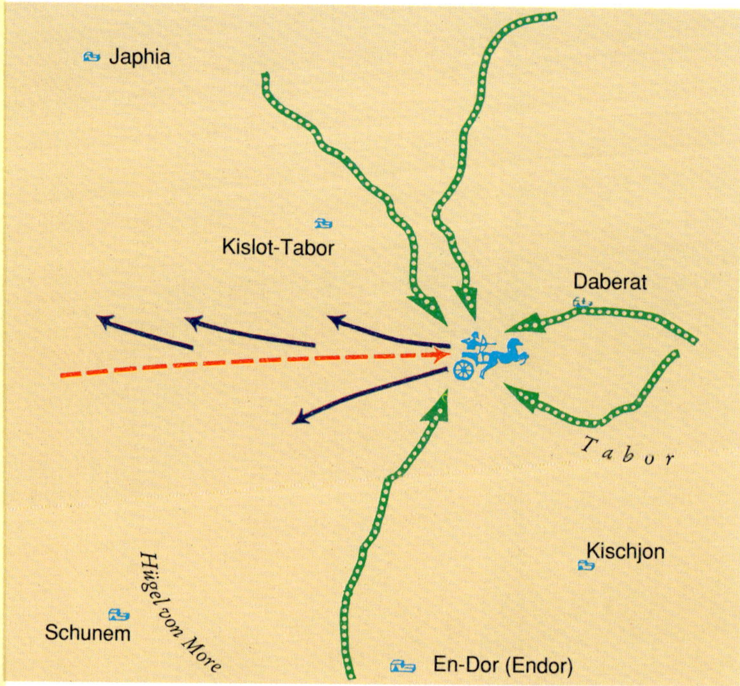

Es ist ganz offensichtlich, daß Jahwe selber in den Kampf gegen Sisera und seine „Panzer" eingreift, er ist der eigentlich Handelnde, der das Heer Siseras verwirrt wie damals die Ägypter am Schilfmeer. Angst, Schrecken und Verwirrung läßt Jahwe über das Heer Siseras kommen; er selbst muß zu Fuß fliehen. Er verbirgt sich im Zelt Jaels, der Frau des Keniters Heber. Nachdem sie ihm Milch zu trinken gegeben hat, versteckt sie ihn hinter einem Vorhang. Während er schläft, schlägt Jael dem Schlafenden einen Zeltpflock durch die Schläfe. Ein zweites Mal wird in diesem Abschnitt neben Debora eine Frau zur Heldin. Mit diesem bedeutsamen Sieg über Sisera ist das Übergewicht Nordkanaans gebrochen. Wieder hat Jahwe entscheidend eingegriffen. Es waren 20 Jahre Unterdrückung und Not, wiederum folgen vierzig Jahre der Ruhe.

Zusammen mit Barak sang Debora ein Lied des Dankes an Jahwe. Siehe Ri 5, 1–31.

Jahwe beruft Gideon zum Retter Israels

Die Israeliten taten von neuem, was dem Herrn mißfiel. Deshalb gab er sie sieben Jahre lang in die Gewalt der Midianiter, die ihnen hart zusetzten. Durch die Raubzüge der Midianiter wurden die Israeliten bettelarm. In ihrer Not schrien sie zum Herrn um Hilfe. Da sandte der Herr ihnen einen Propheten, der sagte zu ihnen: „Der Herr, der Gott Israels, läßt euch sagen: ,Ich habe euch aus der Sklaverei in Ägypten befreit und euch hierhergeführt. Ich habe euch gesagt: Ich bin der Herr, euer Gott; verehrt nicht die Götter der Amoriter, in deren Land ihr lebt! Aber ihr habt nicht auf mich gehört.'"

Der Engel des Herrn kam und setzte sich unter die Eiche bei Ofra. Dieser Platz gehörte zum Grundbesitz Joaschs, eines Mannes aus der Sippe Abiëser. Sein Sohn Gideon war gerade dabei, in der nahegelegenen Weinkelter Weizen zu dreschen, um ihn vor den Medianitern in Sicherheit zu bringen. Da erschien ihm der Engel des Herrn und sagte: „Gott mit dir, du tapferer Krieger!"

Gideon erwiderte: „Verzeihung, mein Herr! Aber wenn wirklich Gott mit uns ist, wie konnte uns dann soviel Unglück treffen? Unsere Väter haben uns doch immer wieder erzählt: ,Der Herr hat uns aus Ägypten hierhergeführt.' Wo sind denn alle seine Wundertaten geblieben? Nein, der Herr hat uns im Stich gelassen und uns den Medianitern ausgeliefert!"

Der Herr aber sagte zu ihm: „Du bist stark und mutig. Geh und rette Israel aus der Hand der Midianiter. Ich sende dich!"

„Aber mein Herr", wandte Gideon ein, „wie soll ich Israel befreien? Meine Sippe ist die kleinste im ganzen Stamm Manasse, und ich bin der Jüngste in meiner Familie."

„Ich werde dir zur Seite stehen", sagte der Herr, „du wirst die Midianiter auf einen Schlag vernichten."

Ri 6,1; 6–8; 10–16

Gideon ist eine der bedeutendsten Gestalten der Richterzeit, ist aber selbst kein eigentlicher Richter wie Debora. Er gewinnt sogar die Stellung eines Königs, obwohl er Titel, Macht und Krone ablehnt. Sein berüchtigter Sohn heißt immerhin Abimelech, d. h. mein Vater ist König.

Gideon gehört zu einem Stamm, der in der Geschichte Israels nicht so hervortritt, wie er es seiner Größe und Tatkraft nach verdienen würde: dem Stamm Manasse.

Die Feinde, um die es sich hier handelt, sind die ostjordanischen Midianiter, sie kommen als Räuber. Gideon wirft sie auf ihr Gebiet zurück und sichert die Grenzen zur Wüste hin.

Die Israeliten müssen immer wieder in die Berge flüchten, um dort die gerettete Ernte zu verbergen und auch zu dreschen.

Das Eingreifen Gottes beginnt mit der Berufung Gideons. Es wird die Terebinthe von Ofra genannt, also der heilige Baum, der bis heute im Orient das weithin sichtbare Zeichen eines Heiligtums ist. Der Ort Ofra in Manasse muß also Gideons Wohnsitz und Stätte eines durch eine Gotteserscheinung beglaubigten Heiligtums gewesen sein. Der Engel des Herrn erschien ihm hier. Auf den Gruß des Engels: „Jahwe sei mit dir!" protestiert Gideon: „Wenn Jahwe mit uns wäre, warum widerfährt uns dann das alles? Wo sind seine Wunder?" Doch der Herr sagt zu ihm: „Du bist stark und mutig, geh und rette Israel aus der Hand der Midianiter. Ich sende dich!"

Auf den Einwand Gideons, er sei der Jüngste in der Familie, antwortet ihm Jahwe, daß er ihm zur Seite stehen und er die Midianiter mit einem Schlage vernichten werde.

Gideon zerstört den Altar des Baal

In derselben Nacht erhielt Gideon vom Herrn den Auftrag: „Nimm den siebenjährigen Stier deines Vaters. Geh auf den Gipfel des Berges, reiß den Baals-Altar ein, der auf dem Grundstück deines Vaters steht, und haue den geweihten Pfahl daneben um. Bau an derselben Stelle aus aufeinandergeschichteten Steinen einen Altar für mich und bring mir darauf den Stier als Brandopfer dar. Verwende als Brennholz den geweihten Pfahl, den du umgehauen hast."
Gideon nahm zehn von seinen Leuten mit und machte alles, wie der Herr es ihm aufgetragen hatte. Er tat es jedoch im Schutz der Nacht, weil er sich vor seinen Angehörigen und den Männern des Ortes fürchtete.
Am nächsten Morgen entdeckten die Bewohner des Ortes, daß der Baals-Altar eingerissen, der geweihte Pfahl abgehauen und auf dem neu errichteten Altar ein Stieropfer dargebracht worden war. Jedermann fragte: „Wer hat das getan?" Als sich herausstellte, daß es Gideon gewesen war, gingen sie alle zu seinem Vater Joasch und verlangten von ihm: „Gib deinen Sohn heraus! Er muß sterben. Er hat den Altar Baals eingerissen und den geweihten Pfahl umgehauen."
Aber Gideons Vater hielt ihnen entgegen: „Was mischt ihr euch in die Angelegenheiten Baals? Ist es vielleicht eure Sache, für ihn einzutreten? Wenn er ein Gott ist, soll er selbst kämpfen und sich dafür rächen, daß man seinen Altar eingerissen hat. Wer ihm zu Hilfe kommt, soll es mit dem Leben büßen und den nächsten Morgen nicht mehr erleben!"
Weil sein Vater gesagt hatte: „Baal soll selbst gegen ihn kämpfen", nannte man Gideon von da an auch Jerubbaal.
Ri 6,25–32

Neben der heiligen Stätte am Berghang in den Weinbergen gibt es in Ofra noch eine zweite auf der Berghöhe. Dort stand ein Baalsaltar mit einem Kultpfahl (Aschere), der den heiligen Baum vertritt. Sicher war das eine altüberlieferte heilige Stätte. Was Jahwe will, ist die Umwandlung dieses Baalsaltares in ein Jahweheiligtum. Das ist sicher eine gefährliche Angelegenheit. So erscheint Gideons Kampf gegen die Midianiter zugleich auch als ein Kampf gegen Baal. Der Kampf um das Land ist gleichzeitig ein Kampf für den Herrn, der es erobert, und gegen den Gott, der es bis dahin besaß. Die Verbindung der beiden Erzählungen von der Gründung eines Jahweheiligtums in Ofra, von denen die eine Gideon zum Retter, die andere seine Bestimmung zum Baalsbekämpfer enthält, ist theologisch außerordentlich bedeutsam.
Der Auftrag Jahwes an Gideon ist ein vierfacher:
Zunächst wird das Opfertier bestimmt,
dann die Zerstörung des alten und
die Errichtung des neuen Heiligtums
sowie die Darbringung des Opfers angeordnet, wobei der Kultpfahl als Feuerholz verwendet werden soll.
Die sicher nicht einfache Aufgabe wird in der Nacht mit Hilfe von zehn Knechten vollbracht.
Religionsfrevel wird mit dem Tode bestraft, auch wenn es sich um Baal handelt. Nur der geschickte und mutige Einsatz des Vaters für seinen Sohn rettet Gideon. Im Verhandeln mit den Anklägern erweist sich der Vater Gideons als sehr grimmig und ironisch. Vergleiche Elia auf dem Karmel 1 Kö 18,27.
Der politische Streiter Gideon ist damit zum Gottesstreiter ernannt und berufen.

Jahwe ist das Heer Gideons zu groß

Die Midianiter, die Amalekiter und die Beduinen aus dem Osten versammelten ihre ganze Streitmacht und überschritten den Jordan. In der Ebene von Jesreël schlugen sie ihr Lager auf. Da nahm der Geist des Herrn Besitz von Gideon, und Gideon blies das Signalhorn, um die Männer der Sippe Abiëser zusammenzurufen. Alle folgten ihm. Er schickte Boten durch das Gebiet des Stammes Manasse, und auch dort folgten die Männer seinem Ruf und schlossen sich ihm an. Bis zu den Stämmen Ascher, Sebulon und Naftali schickte er Boten, und sie alle kamen ihm zu Hilfe.
Gideon, den man auch Jerubbaal nannte, brach früh am Morgen mit seinem ganzen Heer auf. Bei der Quelle Harod errichteten sie ihr Lager. Das Lager der Midianiter befand sich nördlich davon in der Ebene, nahe beim Hügel More. Aber der Herr sagte zu Gideon: „Dein Heer ist zu groß! So kann ich die Midianiter nicht in eure Gewalt geben. Sonst schreiben die Israeliten sich selbst den Sieg zu und nicht mir. Darum laß im ganzen Lager ausrufen, daß alle, die Angst haben, nach Hause gehen." Da gingen 22.000 wieder heim, nur 10.000 blieben bei Gideon.
Doch der Herr sagte zu Gideon: „Dein Heer ist immer noch zu groß. Führe die Männer hinunter zur Quelle, dort will ich selbst die Auswahl treffen. Ich werde dir sagen, wer mit dir gehen soll und wer nicht." Gideon führte die Männer zur Quelle. Dort sagte der Herr zu ihm: „Wer sich hinwirft und das Wasser mit der Zunge aufleckt wie ein Hund, den stell auf die eine Seite; und wer sich zum Trinken hinkniet, den stell auf die andere." Dreihundert Männer leckten das Wasser mit der Zunge, alle übrigen knieten sich hin und führten es mit der hohlen Hand zum Mund.
Der Herr sagte zu Gideon: „Durch die 300 Männer, die das Wasser mit der Zunge geleckt haben, will ich Israel retten und die Midianiter in deine Gewalt geben. Die anderen sollen nach Hause gehen." Gideon schickte alle zurück, nur die 300 Auserwählten behielt er bei sich. Diese übernahmen von den anderen den Proviant und die Signalhörner. Ri 6,33–35; 7,1–8

Das Heer Gideons ist Jahwe mit 32.000 Mann zu groß. Nach dem Sieg könnte sonst Israel den Erfolg für sich verbuchen. Darum muß das Heer vermindert werden. Nach dem Gesetz 5 Mose 20,8 sollen alle Ängstlichen und Verzagten wieder heimgeschickt werden, damit sie die anderen nicht „anstecken und ihnen den Mut nehmen". 22.000 machen davon Gebrauch. Doch die restlichen 10.000 sind Jahwe immer noch zu viel. An der Quelle will Jahwe selbst die Auswahl treffen. Das Kriterium ist das Trinken des Wassers. Wer das Wasser mit der Zunge aufleckt wie ein Hund, gehört zu den 300 Mann, mit denen Gideon gegen die Midianiter ziehen soll. Sie übernehmen von den Weggehenden die Signalhörner und den Proviant, der in Mehlkrügen aufbewahrt wurde.

Die Schlacht gegen die Midianiter

Als Gideon den Traum und seine Deutung gehört hatte, warf er sich nieder und dankte Gott. Dann kehrte er ins israelitische Lager zurück und rief: „Steht auf! Der Herr hat das Lager der Midianiter in eure Hand gegeben."
Gideon teilte die 300 Mann in drei Gruppen auf; jeder bekam ein Signalhorn und eine Fackel, dazu einen Krug, um die brennende Fackel zu verbergen. Gideon schärfte ihnen ein: „Wir umstellen das ganze Lager. Wenn ihr an die äußeren Wachen kommt, dann achtet genau darauf, was ihr mich tun seht, und macht es ebenso. Und wenn ihr hört, wie ich und meine Männer das Horn blasen, dann blast auch ihr die Hörner und ruft: ‚Für den Herrn und für Gideon!'"
Mitten in der Nacht kam Gideon mit seinen 100 Mann an den Rand des Lagers. Die Midianiter hatten gerade die Wachen gewechselt. Da bliesen die Männer um Gideon ihre Hörner und zerschlugen die Krüge. Die anderen Abteilungen folgten dem Beispiel, bliesen die Hörner und zerschlugen die Krüge. Jeder hielt in der linken Hand die Fackel und in der rechten das Horn. Sie riefen: „Auf zum Kampf! Für den Herrn und für Gideon!" Dabei standen sie rings um das Lager, jeder an seinem Platz.
Als die 300 Mann ihre Hörner bliesen, ließ der Herr im Lager eine Panik entstehen. Die Midianiter gingen mit dem Schwert aufeinander los, sie rannten hin und her und schrien. Schließlich floh das ganze Heer in Richtung auf Bet-Schitta, Zereda, Sefat-Abel-Mehola und Tabbat.

Ri 7,15–22

Wiederum ist Jahwe der einzig Handelnde.
Mit seinem Diener schleicht sich Gideon an das Lager der Midianiter heran, um zu erkunden, wie die Sache stehe. Dabei hört er, wie ein Vorposten dem anderen seinen Traum erzählt, der Gideon vollkommen siegessicher macht. Gideon richtet sofort ein Dankgebet an Jahwe. Damit ist die Entscheidung gefallen. Er läßt seine Männer zum Angriff antreten. Das wäre an sich gar nicht nötig, denn Jahwe steht den Israeliten bei wie in Jericho. Alles geschieht gleichsam von selbst. Jahwe ist der einzig Handelnde. Die 300 Mann werden in drei Hundertschaften geteilt und jeder Mann mit Signalhorn und Krug, in der eine Fackel brennt, ausgestattet. Das Lager der Midianiter wird umstellt. Gideon gibt das Zeichen, und das Zusammenwirken von Fakkellicht, Posaunenblasen, Zerschlagen der Krüge und Geschrei verursacht bei den Midianitern völlige Verwirrung. Jahwe selbst bewirkt im Lager der Midianiter das Durcheinander, ähnlich wie in der Deboraschlacht. Nicht durch das Schwert wird diese Schlacht entschieden, sondern durch Jahwe selbst.
Die Midianiter fliehen an die verschiedenen angegebenen Orte. Gideon bleibt nur noch die Verfolgung und das Abschneiden des Rückweges. Die Niederlage der Midianiter war vollkommen.

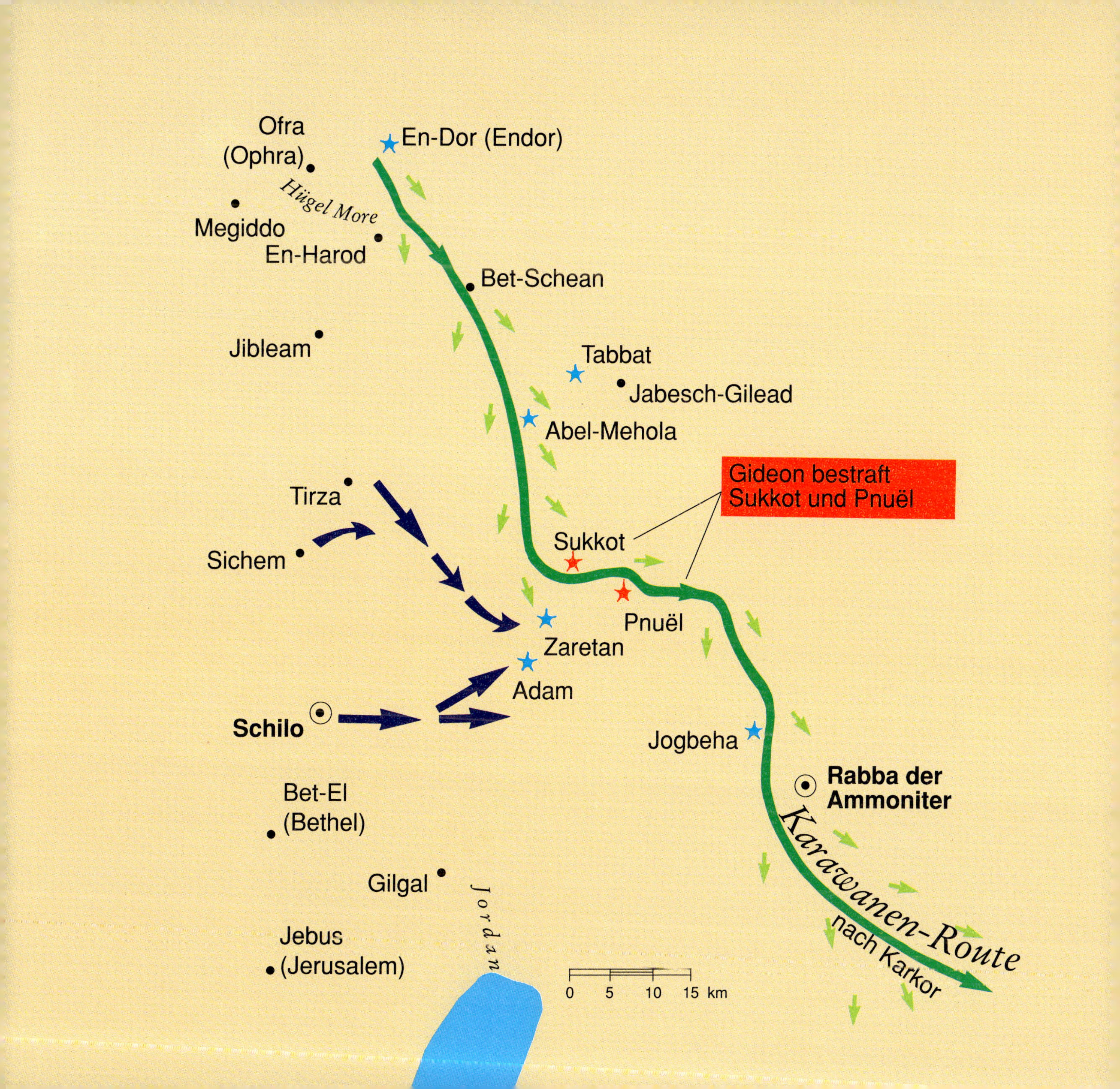

Ofra
(Ophra)
En-Dor (Endor)
Hügel More
Megiddo
En-Harod
Bet-Schean
Jibleam
Tabbat
Jabesch-Gilead
Abel-Mehola
Gideon bestraft
Sukkot und Pnuël
Tirza
Sukkot
Sichem
Pnuël
Zaretan
Adam
Schilo
Jogbeha
Rabba der
Ammoniter
Bet-El
(Bethel)
Karawanen-Route
Gilgal
Jordan
nach Karkor
Jebus
(Jerusalem)
0 5 10 15 km

Gideons Tod – Israel vergißt Jahwe

Blitzeschleudernder Baal.
(Louvre, Paris)

Die Midianiter waren so gründlich geschlagen worden, daß sie künftig nicht mehr ins Land einfallen konnten. Solange Gideon lebte, hatte das Land Ruhe vor Feinden, vierzig Jahre lang.
Gideon, der auch Jerubbaal hieß, kehrte nach Hause zurück und lebte dort.
Nachdem Gideon gestorben war, liefen die Israeliten von neuem dem Baal nach und machten den Bundes-Baal von Sichem zu ihrem Gott. Sie vergaßen den Herrn, ihren Gott, der sie aus der Gewalt aller Feinde rings um sie her gerettet hatte. Auch den Nachkommen Gideons vergalten sie die großen Taten, die Gideon für Israel getan hatte, mit Undank.

Ri 8,28–29; 33–35

Gideon verfolgte die Reste des midianitischen Heeres bis ins Ostjordanland. Unterwegs muß er um Verpflegung für seine drei Hundertschaften bitten, die ihm aber von der Bevölkerung unter Hohn und Spott verweigert wird. Trotz Hunger und Müdigkeit gelingt es ihm, die Midianiter so zu schlagen, daß sie künftig nie wieder in das von Israel besetzte Land einfallen konnten. Bei der Rückkehr rächt sich Gideon grausam an den Midianiterfürsten dafür, daß sie seine Brüder erschlagen haben.
Israel bietet nun seinem Helden Gideon das Königtum an. Er aber lehnt es für sich und seine Söhne ab. Es ist kein Königtum nötig: „Jahwe soll Herrscher über euch sein!" Gideon verlangt nur aus der Beute die goldenen Ringe, Ohrgehänge sowie den Schmuck von den Hälsen der Kamele. Er machte daraus einen Kultgegenstand für das neue Heiligtum Jahwes in Ofra. Alle Israeliten kamen dort hin und trieben Götzendienst. Das wurde Gideon und seiner Familie zum Verhängnis.
Gideon legte sich einen großen Harem zu, dessen viele Frauen ihm 70 leibliche Söhne schenkten. Eine dieser Frauen, die Mutter Abimelechs, blieb aber in ihrem Elternhaus in Sichem, wahrscheinlich gehörte sie einem vornehmen Geschlecht an.
Gideon starb und wurde im Grab des Vaters in Ofra beigesetzt. Schnell waren die großen Taten, die Jahwe durch ihn gewirkt hatte, vergessen, und der Baalkult setzte sich wieder in Israel durch.
Sieben Jahre hatte die Not gedauert, es folgte wiederum eine Ruhezeit von 40 Jahren.

Die Geburt Simsons wird angekündigt

Von neuem taten die Israeliten, was dem Herrn mißfiel; da gab er sie vierzig Jahre lang in die Gewalt der Philister. Damals lebte in Zora ein Mann aus dem Stamm Dan namens Manoach, dessen Frau kinderlos war. Eines Tages erschien ihr der Engel des Herrn und sagte: „Du hast bisher keine Kinder bekommen, aber jetzt wirst du schwanger werden und einen Sohn zur Welt bringen. Trink deshalb weder Wein noch Bier und gib acht, daß du keine unreinen Speisen ißt. Denn der Sohn, den du zur Welt bringen wirst, soll von seiner Geburt an Gott geweiht sein. Seine Haare dürfen ihm nie geschnitten werden. Mit ihm beginnt die Befreiung der Israeliten von der Unterdrückung durch die Philister."

Ri 13,1–5

Verduner Altar, Klosterneuburg.

Wenn es im Alten Testament einen Mann der krassesten Gegensätze gibt, dann ist es wohl Simson. Er ist ein Mann mit Bärenkräften, aber dennoch ein Mensch wie jeder andere, dem aber das Besondere, das ihm eigen ist, einzig vom Geist des Herrn zuteil wird. Er ist der Mann der starken Arme und der Liebe, aber die Frauen, die er leicht erobert, werden seiner dennoch Herr. Er ist liebenswert und furchtbar, riesenstark und kindlich schwach. Er steckt voller unterhaltsamer Möglichkeiten, so daß er nicht nur den Löwen zerreißen, sondern auch ein geistreiches Rätsel daraus machen kann; und wenn die Philister ihn holen, daß er als Spaßmacher diene, hat er diesen Ruf nicht erst seit gestern. Auch der Begebenheit mit den Füchsen und der Aushebung der Stadttore merkt man sofort an, daß es ihm eine Freude ist, seinen Gegnern eins auszuwischen. So wechseln Humor und tödlicher Ernst bei ihm ab. Dieser Mann, dem so leicht keiner etwas nachmacht und dessen Wirkungsbereich im Weltlichen zu liegen scheint, ist aber zugleich Gottesmann vom Mutterleib an. Überall ist Jahwe dabei. Simson ist ein Einzelgänger. Er war weder Heerführer wie Gideon noch ein Mann, den man um Rat fragt wie Debora. Dennoch nennt ihn die Überlieferung einen Richter. Am Ende mag er Tausende mit in seinen Tod hineinreißen, er ist auch hier der Unterlegene. Israel ist durch ihn nicht von den Philistern errettet worden. Er darf gleichsam nur bei der Ouvertüre mitspielen, die eigentlichen Befreier von den Philistern sind Samuel, Saul und vor allem David.

Erneut hatten die Israeliten nicht das getan, was des Herrn war, deshalb hatte sie Jahwe in die Gewalt der Philister gegeben. Manoach und seine Frau aus dem Stamme Dan hatten keine Kinder. Eines Tages spricht sie der Engel des Herrn an, der ihr, der Kinderlosen, die Geburt eines Sohnes ansagt und ihr zugleich Verhaltensmaßregeln gibt: keinen Wein und kein Bier zu trinken und nichts Unreines zu essen. Denn ihr Sohn wird ein Gottgeweihter vom Mutterleib an sein. Die Haare dürfen ihm nicht geschnitten werden. Der Knabe wird geboren und bekommt den Namen Simson; der Name hängt mit dem hebräischen Wort schämesch, Sonne, zusammen, also Sonnenmann.

Simson will eine Philisterin heiraten

Als Simson einmal in das Philisterdorf Timna hinabkam, fiel ihm dort ein Mädchen auf. Er ging nach Hause und sagte zu seinen Eltern: „Ich habe in Timna eine Philisterin gesehen, die möchte ich zur Frau haben. Werbt für mich um sie!“ Seine Eltern erwiderten: „Mußt du unbedingt eine Philisterin heiraten, eine von diesem Volk von Unbeschnittenen? Gibt es in unserem Stamm und in unserem ganzen Volk denn kein Mädchen für dich?“ Aber Simson sagte zu seinem Vater: „Die gefällt mir nun einmal, wirb für mich um sie!“
Seine Eltern konnten nicht wissen, daß der Herr seine Hand im Spiel hatte. Er wollte einen Anlaß haben, um gegen die Philister vorzugehen. Denn diese herrschten damals über die Israeliten. Ri 14,1–4

Bei Simson ist die Verbindung mit dem Geist Jahwes bezeichnender als bei den anderen Richtern. Seine Taten kommen alle durch den Zugriff Jahwes zustande. Alsbald nimmt die Kraft des Geistes Jahwes Richtung auf die Philister. Das wird zunächst sichtbar in der Wahl des Mädchens, das er sieht und lieb gewinnt. Timna befindet sich bereits im Gebiet der Philister. Daß ihr Sohn gerade auf eine Philisterin ein Auge geworfen hat, ist für die Eltern überraschend und ihnen wenig lieb, auch daß der dem Gott Israels Dienende eine Tochter der Unbeschnittenen zur Frau nehmen will. Dennoch bittet Simson seine Eltern, um sie für ihn zu werben. Sie wußten ja nicht, daß Jahwe seine Hand im Spiel hatte.

Simson zerreißt den Löwen

Simson zerreißt den Löwen.
(Verduner Altar, Klosterneuburg)

Simson machte sich also mit seinen Eltern auf den Weg nach Timna. Als er an die Weinberge von Timna kam, bog er vom Weg ab. Da stand plötzlich ein brüllender Löwe vor ihm. Der Geist des Herrn nahm Besitz von Simson, und er zerriß den Löwen mit bloßen Händen, wie man ein gebratenes Böckchen beim Mahl in Stücke reißt. Seinen Eltern erzählte er nichts davon. Als er nach Timna kam, sprach er mit der Philisterin, und sie gefiel ihm gut. Ri 14,5–7

In die Zeit der Brautwerbung fällt die Episode mit dem Löwen. Interessant ist dabei, daß die Eltern nichts davon merken. Simson verfährt mit dem Löwen, wie ein Orientale mit einem Lamm beim Essen verfährt, er zerreißt ihn. Die übermenschliche Leistung wird ausdrücklich mit dem Beistand Jahwes begründet.

Schwierigkeiten mit den Philistern

Einige Zeit danach, es war gerade um die Weizenernte, wollte Simson seine Frau besuchen und ihr ein Ziegenböckchen bringen. Er sagte zu ihrem Vater: „Ich möchte zu meiner Frau!", aber ihr Vater ließ ihn nicht hinein. „Ich dachte, du wolltest sie nicht mehr", sagte er, „deshalb habe ich sie dem Brautführer gegeben. Heirate statt dessen ihre jüngere Schwester, die ist noch schöner!"
Simson sagte: „Die Philister haben es sich selber zuzuschreiben, wenn ich mich jetzt an ihnen räche!" Er fing 300 Füchse, band jeweils zwei an den Schwänzen zusammen und steckte eine Fackel in den Knoten. Dann zündete er die Fackeln an und ließ die Füchse auf die Getreidefelder der Philister los. So gingen die Garbenhaufen und das reife Getreide auf den Feldern in Flammen auf, und auch in die Olivenhaine wurde das Feuer hineingetragen.
„Wer hat das getan?" fragten die Philister, und es sprach sich herum: „Simson war es, der Schwiegersohn des Mannes aus Timna. Der hat ihm seine Frau weggenommen und sie dem Brautführer gegeben!" Da zogen die Philister nach Timna hinauf und verbrannten die Frau und ihren Vater. Simson aber sagte zu ihnen: „Wenn ihr es so treibt, werde ich nicht ruhen, bis ich mich an euch gerächt habe!" Er ging auf sie los und schlug sie zusammen. Dann zog er sich in die Felsenhöhle bei Etam zurück. Ri 15,1–8

Zunächst ein Wort zu den Philistern:
Die Philister, hebräisch pelischtim, waren die gefährlichsten und zähesten Gegner und Nachbarn, die Israel hatte. Sie waren die Erbfeinde schlechthin. Man stand ihnen mit religiösem Abscheu gegenüber, weil sie die „Unbeschnittenen" waren. Die Philister sind im 12. Jahrhundert, also zur Zeit der Beendigung der Landnahme durch Israel in Kanaan eingewandert und setzten sich im fruchtbaren Teil der Küstenebene fest. Dieses Volk kam aus dem ägäischen Raum – die Bibel gibt Kreta an – und zwar im Rahmen der Wanderung der Seevölker. Regiert wurden die Philister von fünf Fürsten, die ihre Residenzen in Aschdod, Aschkelon, Ekron, Gat und Gaza hatten. Vierzig Jahre waren sie die Herren in Israel. Simson sollte nun anfangen, die Israeliten aus der Hand der Philister zu befreien.
Die Ehe Simsons trägt die im Orient gelegentlich vorkommende Form der sogenannten Sadika-Ehe, wobei die Frau ihrem Mann nicht in sein Haus folgt, sondern bei ihrem Vater verbleibt. Simson kommt wieder in das Haus der Eltern seiner Frau und möchte ihr ein Ziegenböcklein bringen. Daß der Vater seiner Frau über sie schon anderweitig verfügt hat, weiß er nicht. Die vom Vater seiner Frau angebotene jüngere und schönere Tochter will Simson nicht heiraten. Vielmehr sinnt er auf Rache, und da gerade Erntezeit ist, kommt er auf die Geschichte mit den Füchsen. Nun wollen sich aber auch wieder die Philister für die verbrannte Ernte rächen: Aug um Aug, Zahn um Zahn! Sie verbrennen kurzerhand Simsons Frau und den Vater. Das ist für Simson Anlaß genug, sich wieder an den Rächern zu rächen. Der Urtext spricht davon, daß er sie auf Schenkel und Hüfte schlug, also sie ordentlich verprügelte. Danach zog er sich in eine unzugängliche Höhle bei Etam zurück.

Berg Hoi
Zedad
Zifron
Hazer Enan
Lebo-Hamat
Gebal (Byblos)
Afeka
Libanon
al-Beqa'a-Talebene
Großes Meer
Sidon
Damaskus
Baal-Gad
Zor
(Sūr [Tyros])
Misrephol
Majim
Lajisch
(Dan)
Sirjon (Schirjon [Hermon])
Bet-Anat
Qedesch
Achsib
Bet-Schemesch
Akko
GESCHUR
Aphek
Aschtarot
Ajn
Dor
Megiddo
Bet-Schean
Ramot-Gilead
Jibleam
Sichem
Jafo (Joppe)
Schilo
AMMON
Jordan
Rabba der Ammoniter
Geser
Jebus
(Jerusalem)
Aschdod
Ekron
Aschkelon (Aschkalon)
Gat
Gaza
Hebron
PHILISTER
Beerscheba
MOAB
Kir-Moab
AWWITER
„Bach Ägyptens"
Halak-Massiv
Tamar
Bosra
Kadesch-Barnea

Simson erschlägt tausend Philister

Die Philister fielen in Juda ein und schlugen in der Gegend von Lehi ihr Lager auf. „Warum zieht ihr gegen uns heran?" fragten die Männer von Juda. Die Philister antworteten: „Wir wollen Simson gefangennehmen und ihm heimzahlen, was er uns angetan hat."
Da gingen 3 000 Männer aus Juda zu der Höhle bei Etam und sagten zu Simson: „Warum hast du uns in solche Gefahr gebracht? Du mußtest doch wissen, daß die Philister die Herren im Land sind!" „Ich habe ihnen nur heimgezahlt, was sie mir angetan haben", erwiderte Simson.
„Wir sind gekommen, um dich zu fesseln und an die Philister auszuliefern", sagten die Männer von Juda. Simson aber verlangte von ihnen: „Ihr müßt mir schwören, daß ihr mich nicht umbringen werdet!" Sie versicherten:„Wir wollen dich nur fesseln und ausliefern. Wir werden dich gewiß nicht töten."Sie fesselten ihn mit zwei neuen Stricken und führten ihn aus der Höhle. Als Simson nach Lehi gebracht wurde, stimmten die Philister ein Triumphgeschrei an. Da nahm der Geist des Herrn von ihm Besitz, und er befreite sich. Die Stricke an den Armen gaben nach, als wären sie von Feuer versengt. Er fand den Unterkieferknochen eines Esels, ergriff ihn und tötete damit 1000 Philister.
Simson sagte: „Mit einem Eselsknochen hab ich's ihnen gegeben! Tausend Mann hab ich mit der Kinnbacke eines Esels erschlagen."
Dann warf er den Knochen fort. Davon hat der Ort den Namen Ramat-Lehi (Kinnbackenhöhe). Ri 15,9–17

Die Philister fallen in Juda ein und bedrängen die Bewohner. Sie wollen Simson gefangennehmen und die Untaten, die er an ihnen verübt hat, rächen. Die Judäer gehen mit 3000 Mann zu Simson, der in einer Höhle bei Etam lebt, und sagen ihm, daß die Philister im Land sind, und daß sie gekommen sind, um ihn zu fesseln und den Philistern auszuliefern. Sie werden ihn gewiß nicht töten. Simson läßt sich mit neuen Stricken fesseln und aus der Höhle führen. Die Judäer bringen ihn nach Lehi, wo er mit einem Triumphgeschrei der Philister empfangen wird. Da kommt der Geist Jahwes über Simson, seine Fesseln an den Armen versengen wie Fäden, damit ist Simson frei, er nimmt einen gerade dort liegenden Eselsunterkieferknochen und erschlägt damit 1000 Philister. Wieder ist Jahwe seinem Held hilfreich zur Seite gestanden.
Noch in einer zweiten Weise erweist sich Jahwe hilfreich. Es gab dort eine Quelle, die aus einem Felsgebilde hervorkam, das einem Eselskinnbacken ähnlich sah. Hier sei Simson vor der Gefahr des Verdurstens von Jahwe errettet worden, indem er auf das Bitten Simsons aus der Vertiefung Wasser hervorkommen ließ, so daß er trinken konnte und sein Geist wieder auflebte.
In Vers 16,31 findet sich nochmals die Notiz, Simson habe 20 Jahre lang Israel gerichtet. Das Richten kann hier nicht als Herrschen gedeutet werden. Simson ist aber vielmehr ein gottgesandter Einzelgänger, der immer, wenn Gottes Geist ihn ergreift, Taten vollbringt, die in ihrer Wirkung Rettung für Israel bedeuten.

Simson rächt sich an den Philistern

Nach einiger Zeit kamen die Philisterkönige zusammen, um ein großes Opfer- und Freudenfest zu Ehren ihres Gottes Dagon zu feiern. Dabei sangen sie:
„Unser Gott gab ihn in unsre Hand,
Simson, unser Feind, ist nun in unsrer Macht!"
Als sie nun immer ausgelassener wurden, riefen sie: „Bringt Simson her! Wir wollen unseren Spaß mit ihm haben!" Man brachte Simson aus dem Gefängnis, und sie trieben ihren Spott mit ihm. Dann stellten sie ihn zwischen die Säulen, damit das ganze Volk ihn sehen konnte. Alle priesen ihren Gott und sangen:
„Unser Gott gab ihn in unsre Hand,
unser Feind ist nun in unsrer Macht,
der so viele Männer umgebracht
und verwüstet hatte unser Land!"
Da bat Simson den Jungen, der ihn führte: „Laß mich einen Augenblick los! Ich möchte die Säulen befühlen, die das Haus tragen, und mich ein wenig daran anlehnen." Das Haus war gedrängt voll von Männern und Frauen, die zusahen, wie Simson verspottet wurde. Auf dem flachen Dach allein saßen etwa 3000 Menschen. Auch alle Philisterkönige waren dabei.
Simson betete: „Mein Herr und Gott! Höre mich und gib mir nur noch einmal meine alte Kraft! Ich will mich an den Philistern rächen – wenigstens für eines der beiden Augen, die sie mir ausgestochen haben." Dann legte er seine Hände an die beiden Mittelsäulen, die das Gebäude trugen, und rief: „Euch Philister nehme ich mit in den Tod!" Er stemmte sich mit aller Kraft gegen die Säulen, bis sie nachgaben und das ganze Haus über den Philistern und ihren Königen zusammenstürzte. So riß Simson mehr Philister mit sich in den Tod, als er während seines ganzen Lebens umgebracht hatte.
Seine Brüder kamen mit der ganzen Sippe und holten seinen Leichnam. Sie begruben ihn zwischen Zora und Eschtaol im Grab seines Vaters Manoach. Zwanzig Jahre lang war Simson der Richter Israels gewesen.

Ri 16,23–31

Die Stunde des größten Triumphes der Philister wird für sie der Anfang des Untergangs. Das große Opferfest zu Ehren ihres Gottes Dagon gibt die Gelegenheit dazu. Seit der Gefangennahme Simsons ist wohl schon einige Zeit vergangen. Die durch gutes Essen und Trinken hervorgerufene Festlaune veranlaßt die Philisterfürsten, den als originellen Spaßmacher bekannten Simson aus seinem Gefängnis zu holen. Die Menge pries ihren Gott Dagon mit dem weit verbreiteten Vers:
„Unser Gott gab ihn in unsre Hand,
unser Feind ist nun in unsrer Macht,
der so viele Männer umgebracht
und verwüstet hatte unser Land!"
In dem allgemeinen Geschrei fällt es nicht auf, daß Simson seinen Führer bittet, ihn statt der führenden Hand die Säulen des Hauses berühren zu lassen. Der Mann denkt ebensowenig wie die frohgelaunte Versammlung im Haus daran, daß die Haare des Simson inzwischen wieder gewachsen sind und daß damit seine alte Kraft wiedergekehrt ist. Ausdrücklich wird gesagt, daß das Haus gedrängt voll von Menschen war, allein auf dem Dach saßen die Philisterkönige mit 3000 Menschen zusammen.
Simson betet zu Jahwe, daß er ihm doch noch einmal seine frühere Kraft schenke, um sich wenigstens für ein Auge, das sie ihm ausgestochen haben, zu rächen. Der blinde Simson läßt sich zwischen die zwei tragenden Säulen des Hauses führen, dann bersten die Säulen unter der wiedererlangten Kraft Simsons, und das einstürzende Dach begräbt mit Simson die Gäste samt den Philisterfürsten. Damit hat Simson den größten Sieg seines Lebens über die Philister errungen.
Simson wird im Grab seines Vaters zwischen Zora und Eschtaol beigesetzt. Mit der Wiederholung der Notiz über die Zeit seines Richtens schließt der Bericht über den starken Mann von Jahwes Gnaden.

INHALT

LANDNAHME: Num 1,1 – Ri 16,31

BILDNACHWEIS:

Sämtliche Fotos in diesem Band stammen vom Autor, P. Damasus Bullmann, mit folgenden Ausnahmen:
Herr Patzelt, München: S. 47 und hintere Umschlagseite;
Missio München: S. 101 und vordere Umschlagseite